Tarot

Karten-Bedeutungen
und
Lege-Methoden

Kontakt: www.HarryEilenstein.de / Harry.Eilenstein@web.de
Impressum: Copyright: 2011 by Harry Eilenstein – Alle Rechte, insbesondere auch das der Übersetzung, vorbehalten. Kein Teil des Buches darf ohne schriftliche Genehmigung des Autors und des Verlages (nicht als Fotokopie, Mikrofilm, auf elektronischen Datenträgern oder im Internet) reproduziert, übersetzt, gespeichert oder verbreitet werden.
Herstellung und Verlag: Books on Demand GmbH, Norderstedt
ISBN: 9 783735 722928

für meinen Sohn David

Bücher von Harry Eilenstein:

- Astrologie (496 S.)
- Photo-Astrologie (64 S.)
- Tarot (104 S.)
- Handbuch für Zauberlehrlinge (408 S.)
- Physik und Magie (184 S.)
- Der Lebenskraftkörper (230 S.)
- Die Chakren (100 S.)
- Meditation (140 S.)
- Drachenfeuer (124 S.)
- Krafttiere – Tiergöttinnen – Tiertänze (112 S.)
- Schwitzhütten (524 S.)
- Muttergöttin und Schamanen (168 S.)
- Göbekli Tepe (472 S.)
- Hathor und Re:
    Band 1: Götter und Mythen im Alten Ägypten (432 S.)
    Band 2: Die altägyptische Religion – Ursprünge, Kult und Magie (396 S.)
- Isis (508 S.)
- Die Entwicklung der indogermanischen Religionen (700 S.)
- Wurzeln und Zweige der indogermanischen Religion (224 S.)
- Der Kessel von Gundestrup (220 S.)
- Cernunnos (690 S.)
- Christus (60 S.)
- Kursus der praktischen Kabbala (150 S.)
- Eltern der Erde (450 S.)
- Blüten des Lebensbaumes:
    Band 1: Die Struktur des kabbalistischen Lebensbaumes (370 S.)
    Band 2: Der kabbalistische Lebensbaum als Forschungshilfsmittel (580 S.)
    Band 3: Der kabbalistische Lebensbaum als spirituelle Landkarte (520 S.)
- Über die Freude (100 S.)
- Das Geheimnis des Seelenfriedens (252 S.)
- Von innerer Fülle zu äußerem Gedeihen (52 S.)
- Das Beziehungsmandala (52 S.)

Inhaltsverzeichnis

I	**Herkunft**	**6**
II	**Verwendung**	**11**
III	**Die Funktion von Orakeln**	**12**
IV	**Die Karten**	**13**
	A Große Arcana	14
	1. Die 22 Karten der Großen Arcana	14
	2. Systematiken	35
	a) Die drei Geschichten	35
	b) Die Pfade auf dem Lebensbaum	37
	c) Die astrologischen Zuordnungen	41
	B Die 4·4 Hofkarten	43
	1. Die vier Elemente	44
	2. Die 4 Stab-Hofkarten	45
	3. Die 4 Kelch-Hofkarten	48
	4. Die 4 Schwert-Hofkarten	51
	5. die 4 Münz-Hofkarten	54
	6. Systematiken	57
	a) Das „Tau-Kreuz"	57
	b) Tierkreis	57
	c) Urbilder	58
	C Die 4·10 Kleinen Arcana	60
	1. Die 10 Stab-Zahlenkarten	60
	2. Die 10 Kelch-Zahlenkarten	66
	3. Die 10 Schwert-Zahlenkarten	71
	4. Die 10 Münz-Zahlenkarten	78
	5. Systematiken	83
	6. ähnliche Karten und ihre Unterschiede	86
V	**Legemethoden**	**89**
	A Einzelkarte	89
	B Vergangenheit – Gegenwart – Zukunft	90
	C 2 Möglichkeiten und Ergebnisse	90
	D Dreiecks-Geschichten	91
	E was man beachten sollte	91
	F Hexagramm	92
	F weitere Frage-Positionen	93
VI	**Situations-Analyse oder Zukunfts-Vorhersage?**	**94**
VII	**Verstand und Telepathie**	**96**
VIII	**Einige Orakel und die Art der Antworten, die sie geben**	**97**
IX	**Orakel und Entscheidungen**	**103**

I Herkunft

Die beiden frühesten Erwähnungen eines Kartenspieles, das aus 4x13=52 Karten bestand, stammen aus dem Jahr 1367 aus Bern in der Schweiz und aus dem Jahr 1377 aus Freiburg im Breisgau. Diese Karten waren in vier Gruppen eingeteilt. Jede dieser Gruppen bestand aus jeweils 10 Karten, die von 1 bis 10 durchnummeriert waren, sowie einem König, einem Ober und einem Unter (zwei militärische Ränge).
Möglicherweise kam dieses Set von 52 Karten aus der islamischen Kultur nach Europa.

In den Jahren von 1417 bis 1425 wurde in Norditalien von Michelino da Besozzo ein Kartenspiel gemalt, für das der damals astronomisch hohe Preis von 1500 Dukaten bezahlt worden ist.
Es bestand aus wahrscheinlich 60 Karten, von denen 16 griechische Gottheiten darstellten. Wenn die vermutete Gesamtanzahl von 60 Karten zutreffen sollte, würde dieses Spiel aus 4x11 Zahlen-Karten und 16 „Personen-Karten" bestanden haben, die möglicherweise den Hofkarten entsprachen (König, Ober, Unter usw.).
Mit „Hof" ist in den „Hofkarten" der „Hof eines Königs", also sein Palast und sein Gefolge gemeint.

Von einem 1441 gemalten Spiel sind noch 67 Karten erhalten geblieben. Sie wurden als Hochzeitsgeschenk angefertigt.
Dieses Spiel hatte einige Trumpf-Karten und eine umfangreichere Gruppe von Hofkarten, in denen auch weibliche Ritter und weibliche Pagen vorkamen. Diese „Trumpf-Karten" wurden später „Große Arcana" (Arcana = Geheimnis) genannt.
Möglicherweise bestand dieses Spiel aus fünf Gruppen zu je 16 Karten.

Schon alleine der Umstand, daß es in diesem Kartenspiel drei ganz verschiedene Arten von Kartengruppen gibt (Zahlen-Karten, Hofkarten, „Trümpfe"), zeigt sicher, daß dies Spiel schon eine längere Vorgeschichte gehabt haben muß und entweder auf ein älteres komplexes System zurückgeht oder die Synthese von mehreren unabhängigen älteren Systemen gewesen ist.

Um 1442 wurde dieses Kartenspiel „trionfi", d.h. „Triumph" genannt – es schient demnach ein Wettkampfspiel gewesen zu sein, in dem es einen triumphierenden Sieger gegeben hat.
Aus diesem alten Namen hat sich durch Verkürzung das Wort „Trumpf" entwickelt, das noch heute die überlegene Karte im Kartenspiel bezeichnet.

Aus dem Jahr 1452 ist ein jetzt „Tarocchi" genanntes Spiel erhalten geblieben, das die heute üblichen 78 Karten enthielt und von dem nur zwei der Zahlen-Karten und Hofkarten sowie zwei der Trumpf-Karten (Teufel und Turm), also insgesamt 4 Karten verloren gegangen sind.

Ein Spiel aus dem Jahr 1457 umfaßte seiner Beschreibung zufolge 70 Karten, d.h. vermutlich 4x10=40 Zahlen-Karten, 3x4=12 Hofkarten und 18 Trümpfe.

Durch die Fortschritte in der Drucktechnik wurde ab 1460 die massenweise Verbreitung dieses Spieles möglich, das schon bald von Norditalien aus auch nach der Schweiz, Süddeutschland und Südfrankreich exportiert wurde.
Diese Karten haben sich schon bald über ganz Europa verbreitet, wie vor allem die vielen Verbote dieses Spieles zeigen.

Aus diesem Karten-Set entstand zunächst durch Vereinfachung der Großen Arcana zu „Jokern" und durch die Verringerung ihrer Anzahl das Rommé-Blatt und in einem zweiten Schritt durch die Weglassung der Trümpfe sowie die weitere Reduzierung der Zahlen-Karten das Skatblatt.

1854 setzte der französische Okkultist Eliphas Levi die Tarot-Karten mit dem Lebensbaum in Bezug.

Ab ca. 1890 verwendete der „Golden Dawn"-Orden die Tarot-Karten in Meditationen und in Ritualen.

1909 veröffentlichen Arthur Edward Waite und Pamela Coleman Smith das erste Tarot-Spiel, in dem alle Karten durch Bilder illustriert waren. Dieses Spiel ist in der Folgezeit durch sehr viele Maler und Autoren um viele Variationen ergänzt worden.

Der Ursprung der später „Tarot" genannten Karten vor 1367 ist recht unklar und umstritten.
Die vier Gruppen von Karten könnten schon immer den vier Elementen entsprochen haben – aber das ist nicht wirklich sicher. Auch ein Bezug zu den vier Buchstaben des Nahmens „Jahwe", der sich mit den Buchstaben Yod – He – Vau – He schreibt, wäre denkbar, da diese vier Buchstaben in der jüdischen Mystik eine große Rolle spielen.
Die 10 Zahlenkarten könnten einfach durch das Dezimalsystem angeregt worden sein – aber auch hier ist eine tiefere Bedeutung nicht auszuschließen. So könnten diese zehn Karten den zehn Sephiroth („Bereichen") auf dem kabbalistischen Lebensbaum der jüdischen Mystik entsprochen haben. Anderseits könnten auch diese zehn

Stufen selber durch das Dezimalsystem angeregt worden sein.

Die Zuordnung der Hofkarten (König, Ritter usw.) zu dem Lebensbaum ist recht willkürlich – es gibt zwar Zusammenhänge, die jedoch bei weitem nicht ausreichen, um an eine Herleitung dieser Kartengruppe aus der Lebensbaumstruktur zu denken.

Auffällig sind die 22 „Großen Arcana", die individuelle Personen und Situationen darstellen, da es auf dem Lebensbaum zwischen den 10 Sephiroth („Bereichen") genau 22 Pfade gibt, die den Qualitäten der Großen Arcana einigermaßen genau entsprechen.

Ein wichtiger Punkt für die Erforschung des Ursprungs des Tarots ist der Umstand, daß in früher Zeit das Tarot nur als Spiel und nicht als Orakel-Hilfsmittel genannt wird. Da jedoch sehr viele Spiele aus Orakeln entstanden sind, schließt dies nicht aus, daß ein Orakel der Ursprung der Tarot-Spielkarten gewesen ist.

religiös-magische Ursprünge einiger Spiele		
Land	*Orakel*	*Spiel*
Mittelamerika	Sonnenorakel-Ballspiel	Federball
		Tennis
		Fußball
Mesopotamien	Brettspiel	Würfeln
		Backgammon
		Mensch ärgere Dich nicht
Ägypten	Senet	Gänsespiel u.ä.
China => Indien	8x8 Felder des I-Ging	Go
		Schach
		Dame
		Halma
Arabien (?) => Norditalien		Tarot
		Rommée
		Skat

Es wäre somit denkbar, daß das von den jüdischen Hohepriesterin benutzte Orakel „Urim und Thummim", das im Alten Testament beschrieben wird, eine der Wurzeln der Zahlen-Karten und der „Trümpfe" des Tarot ist und über diese jüdischen Orakel-

Steine die Struktur des Lebensbaumes zum Tarot gelangt ist.

Die Hofkarten könnten vom Schach inspiriert worden sein, in dem es sechs Arten von Figuren gibt, die mit den frühen Hofkarten recht gut übereinstimmen.

Schach und die Hofkarten	
Schach-Figuren	*Tarot-Hofkarten*
König	König
Königin	Königin
Läufer	Page?
	Pagen-Frau?
Pferd	Ritter
	Ritter-Frau
Turm	
Bauer	Bauer

Die Geschichte des Tarots hat somit vermutlich folgende Stufen durchlaufen:

Geschichte des Tarot				
Gewißheit	*Ort*	*Zeit*	*Form*	*Verwendung*
sicher	Mesopotamien	älter als 3000 v.Chr.	verschiedene Orakel-Formen	Orakel
sicher	jüdisches Orakel	500 v.Chr.	Steine (Lose) auswählen; Bezug zum Lebensbaum? (=> 10 Zahlenkarten? und 22 Große Arcana?)	Orakel
unsicher	Arabien	1300 n.Chr.	10 Zahlenkarten (?)	Orakel (?)
unsicher	Indien => Arabien	1300 n.Chr.	Schachfiguren => Hofkarten (?)	Spiel
sicher	Norditalien, Schweiz, Süddeutschland	ab 1367	4x10 Zahlenkarten, 4x3 Hofkarten	Spielkarten (?)
	Norditalien	1425	4x11 (?) Zahlenkarten, 16 griechische Götter	Spielkarten (?)
		1441	Zahlenkarten, Hofkarten, Große Arcana	Spielkarten
		1452	4x10 Zahlenkarten, 4x3 Hofkarten, 22 Große Arcana	Spielkarten
	Europa	ab 1460	meist 78 Karten, Massenanfertigung durch Druck	Spielkarten
		ab 1500	Reduzierung: Rommée, Skat	Spielkarten
	E. Levi	1854	78 Karten; Lebensbaum-Bezug	Meditations-Hilfe
	Golden Dawn	1890	78 Karten; Lebensbaum-Bezug	Meditations-Hilfe
	Waite & Smith	1909	78 Karten, alle mit Bildern	Meditations-Hilfe, Orakel
	viele Varianten	diverse Autoren und Maler	78 Karten, alle mit Bildern	Orakel

II Verwendung

Die weitaus häufigste Art der Verwendung der Tarot-Karten ist heute das Orakel, d.h. das Kartenlegen.

Neben den Tarotkarten wird auch das Skat-Kartenset als Orakel benutzt. Die Zahlenkarten haben dabei ähnliche Bedeutungen wie die Zahlenkarten (7, 8, 9, 10, As) im Tarot, während die Hofkarten (König, Dame, Bube) im Gegensatz zum Tarot immer Personen darstellen.

Die Tarot-Karten lassen sich auch als Bilder für Kontemplationen und Meditationen verwenden. Einige von ihnen eigenen sich auch als Illustration von Urbildern oder Gottheiten.

Eine Spezialform dieser Betrachtungen und Meditationen ist das Auslegen der 78 Karten in der Form des kabbalistischen Lebensbaumes.

Eine Variante der Meditation über eine Tarot-Karte ist die Traumreise in eine Tarot-Karte. Dabei stellt man sich vor, innerlich durch eine dieser Karten wie durch eine Tür zu gehen, und schaut sich dann danach die Bilder an, die in diesem Bereich auftauchen und das Wesen der betreffenden Karte verdeutlichen (näheres zu dieser Methode findet sich in meinem „Handbuch für Zauberlehrlinge").

Schließlich können diese Karten auch einfach als Spielkarten benutzt werden, was jedoch heute nur selten der Fall sein wird.

III   Die Funktion von Orakeln

Ein Orakel besteht darin, daß man bestimmte Regeln festlegt und dann ein Zufallsereignis verwendet, durch das ein Element des Orakels ausgewählt wird, das dann in der Kombination mit den Orakel-Regeln die Antwort des Orakels ergibt.

Die Elemente eines Orakels wie z.B. die 78 Tarot-Karten stellen stets die Welt als Ganzes dar und sind somit ein Abbild der Welt. Durch diese Analogie steht das Orakel mit der Welt in Einklang, sodaß der „Zufall" die Ereignisse im Orakel auf dieselbe Weise gestaltet wie sie in der realen Welt vorliegen. Die kürzeste und bekannteste Beschreibung dieses Zusammenhanges ist der Satz „Wie oben, so unten."

Letztlich ist die Theorie, warum Orakel funktionieren, jedoch nicht wesentlich, sondern die Tatsache, daß sie funktionieren – und dies kann man nur erkennen, wenn man eine zeitlang selber Orakel benutzt.

Ein wesentlicher Aspekt aller Orakel ist, daß sie stets nur Qualitäten und keine Quantitäten angeben – dies ist einer der größten Unterschiede z.B. zur Physik, die nur Quantitäten beschreibt.

Ein wichtiger Punkt ist, daß Orakel stets nur Informationen liefern, aber niemals Entscheidungen treffen – die Entscheidung bleibt immer bei dem Fragesteller, egal was das Orakel antwortet.

Ein blindes Befolgen dessen, was ein Orakel sagt, schwächt die Persönlichkeit. Das Beachten der Orakelsprüche, das Meditieren über sie und ihre Überprüfung stärken hingegen die Persönlichkeit, da sie eine Auseinandersetzung mit sich selber und mit den äußeren Gegebenheiten anregen, die dann mit einiger Wahrscheinlichkeit zu sinnvolleren Entschlüssen und Entscheidungen führen.

IV Die Karten

Es gibt 78 Tarot-Karten, die aus drei Gruppen bestehen:

\multicolumn{4}{c}{Die drei Gruppen von Tarot-Karten}			
Anzahl	*Name*	*sekundäre Einteilung*	*Charakter*
40	Kleine Arcana, Zahlen-Karten	10 „Feuer-Karten"	je 10 Zustände der vier Elemente
		10 „Wasser-Karten"	
		10 „Luft-Karten"	
		10 „Erd-Karten"	
16	Hofkarten	4 „Feuer-Karten"	je 4 Personen oder Vorgänge zu jedem Element
		4 „Wasser-Karten"	
		4 „Luft-Karten"	
		4 „Erd-Karten"	
22	Große Arcana		22 Urbilder

Diese Anzahl der Karten verdoppelt sich noch einmal dadurch, daß es einen Unterschied macht, ob sie richtig herum liegen oder auf dem Kopf. Es gibt somit 156 mögliche Antworten durch eine einzelne Karte.

Wenn man drei Karten als Antwort auslegt, sind es immerhin schon 3.723.720 Möglichkeiten (156x155x154).

IV A   Große Arcana

Die Großen Arcana sind die wichtigsten Karten des Tarot, da sie Urbilder sind und wesentliche Vorgänge und Zustände im Leben eines Menschen darstellen. Wenn man in einer Antwort viele Karten aus den Große Arcana erhält, kann man davon ausgehen, daß es sich bei der gestellten Frage (und natürlich auch bei Antwort auf sie) um ein wichtiges Thema handelt.

IV A 1.   Die 22 Karten der Großen Arcana

Die Großen Arcana haben eine „klassische Reihenfolge", in der sie auch durchnummeriert worden sind. Für zwei dieser Karten gibt es jedoch zwei Varianten, d.h. die Nummern dieser beiden Karten sind manchmal vertauscht (Karte 8 und Karte 11).
Die Benennung und die Nummerierung der Karten der Großen Arcana ist wie folgt:

Die Großen Arcana		
Nummer	**Name der Karte**	
	Variante 1	*Variante 2*
0	Der Narr	Der Narr
1	Der Magier	Der Magier
2	Die Hohepriesterin	Die Hohepriesterin
3	Die Herrscherin	Die Herrscherin
4	Der Herrscher	Der Herrscher
5	Der Hohepriester	Der Hohepriester
6	Die Liebenden	Die Liebenden
7	Der Siegeswagen	Der Siegeswagen
8	Die Kraft	Die Gerechtigkeit
9	Der Eremit	Der Eremit
10	Das Schicksalsrad	Das Schicksalsrad
11	Die Gerechtigkeit	Die Kraft
12	Der Hängende	Der Hängende
13	Der Tod	Der Tod
14	Die Mäßigkeit	Die Mäßigkeit
15	Der Teufel	Der Teufel
16	Der Turm	Der Turm
17	Der Stern	Der Stern
18	Der Mond	Der Mond
19	Die Sonne	Die Sonne
20	Die Auferstehung	Die Auferstehung
21	Die Welt	Die Welt

Die folgenden Beschreibungen der Tarot-Karten beziehen sich auf die Bilder auf dem von Edward Waite entworfenen und von Pamela Smith gemalten Tarot, die das „Urbild" fast aller heutigen Tarot-Karten sind.

IV A 1. a)   0. Der Narr

Der Narr erscheint in der Welt in vielen Gestalten: er ist das unwissende kleine Kind, er ist der ungeschickte Tölpel, der alle anderen Menschen täuschende Gaukler und der weise Narr.

Der Narr ist der Mensch, der durchs Leben geht und alle Tiefen und Höhen erkundet und dadurch schließlich wissend wird.

Was braucht ein Narr? Mut und Beharrlichkeit – wie ein kleines Kind, das immer wieder aufsteht, wenn es hingefallen ist und so schließlich laufen lernt. Oder wie Parzifal, der alle Fehler beging, die ein Ritter nur begehen konnte, bis er schließlich den Sinn der ritterlichen Regeln erkannte und sie befolgte. Auch der junge Luke Skywalker aus „Star Wars", die Hobbits Bilbo und Frodo aus den Romanen von Tolkien sowie Mogli aus dem Dschungelbuch sind solche „junge Narren".

Was ist ein Tölpel? Der Tölpel erkennt nicht die Spielregeln und Gesetzmäßigkeiten in dieser Welt und gerät daher immer wieder in Situationen, die er nicht ausgewählt hat. In Shakespeares King Lear treten gleich eine ganze Reihe von verschiedenen Narren auf – u.a. King Lear selber, der glaubt, die Herrschaft abgeben zu können und trotzdem eine Art von König bleiben zu können.

Wodurch wird man zum Gaukler? Durch Übung und durch Menschenkenntnis – und durch das Geschick im Täuschen und Lenken der Menschen, die er sich durch seine Menschenkenntnis und seine Übung erworben hat. Der Gaukler hat das Wissen, das es ihm ermöglicht, die Situationen nach seinen Wünschen zu lenken. Sein Geschick erscheint den Menschen fast wie ein Wunder und wie Magie – er ist der Joker …

Was macht einen weisen Narren aus? Er braucht sich an keine äußeren Regeln mehr zu halten, weil er die wirklichen Regeln der Welt kennt und weil er sich selber kennt. Er kann die verschiedensten Rollen spielen und tut dies, um den Menschen um ihn herum einen Spiegel vorzuhalten, der ihnen hilft, sich ihrer selber bewußt zu werden – Till Eulenspiegel und Meister Joda …

Auf den meisten Tarotkarten ist der unwissende Narr, das kleine Kind, der Ritter Parzifal abgebildet:

Er hält in seiner Hand eine weiße Lilie – er ist rein und er ist naiv.

Über ihm strahlt eine weiße Sonne – seine Erinnerung an die Einheit Gottes, aus der er gekommen ist.

Er hält ein Bündel an einem Wanderstab – seine Gaben, die er in diesem Leben hat.

Neben ihm läuft ein Hund – seine Wünsche, die er noch nicht wirklich kennt.

Er läuft arglos auf einen Abgrund zu – er kennt die Gefahren der Welt noch nicht.

Die auf dem Kopf liegende Karte „Der Narr", also die Schattenseite dieser Karte, ist der Tölpel, der die eigene Unwissenheit nicht erkennt und daher sich selber und anderen immer wieder Schaden zufügt.

Die Hilfe bei der umgekehrten Karte „Der Narr" ist die Bereitschaft, hinzuschauen und zu sehen, wie die Welt ist, wie die anderen sind, wie man selber ist … „Erkenne Dich selbst!"

IV A 1. b)   1. Der Magier

„Ich bin die Initiative. Ich bin der Anfang. Ich bin der, der die Dinge kennt und der die Dinge bewegt."

Ohne den Magier würde vieles nicht geschehen und wäre vieles viel schlimmer gekommen. Er ist Milarepa, Moses, Elias, Gandalf, Miraculix, Dumbledore, Meister Joda und viele andere.

Der Magier erhebt einen Arm zum Himmel, um den Kontakt zu Gott, zur Einheit herzustellen; er senkt einen Arm zur Erde nieder, um die durch ihn fließende Kraft zu erden und dadurch schöpferisch zu werden.

Er hält in seiner Hand den Zauberstab, der das Symbol des Weltenbaumes ist, der Himmel und Erde, Götter und Menschen verbindet – der Zauberstab ist die „re-ligio", die Religion, die „Wiederanbindung", die Nabelschnur der Menschen zu den Göttern.

Über ihm schwebt die liegende Acht, das Zeichen der Unendlichkeit, der Verbindung zu Gott – das erwachte Kronenchakra.

Er trägt ein weißes Gewand – das Zeichen der Reinheit.

Er trägt ein rotes Übergewand – das Zeichen der Lebendigkeit.

Sein Gürtel hat die Gestalt einer Schlange – das Zeichen der Kundalini.

Er kennt die vier Elemente im Außen und in seinem eigenen Inneren und kann sie daher lenken und mit ihnen schöpferisch werden – sie liegen als Stab, Kelch, Schwert und Münze vor ihm.

Der Magier ist die Initiative und der Beginn. Wenn diese Karte auf dem Kopf steht, fehlt es an Initiative – oder die Initiativen sind nicht wirklich im Herzen gegründet und stehen nicht im Einklang mit den Regeln der Welt.

IV A 1. c)   2. Die Hohepriesterin

Die Hohepriesterin ist das Schweigen, die Meditation, die Vision, die Anteilnahme, die Wahrnehmung, die wortlose Weisheit, die Wahrnehmung der inneren, spirituellen Welten, das Mitgefühl, die innere Stille, das Verstehen, die Freundlichkeit, die Geborgenheit, die Große Mutter …

Jede Religion kennt diese Gestalt: Maria, Shekinah, Isis, Hera, Freya, Pte-san-win, Sara Mama, Amaterasu, Marui …

Wie findet man die Hohepriesterin? Indem man sich hinsetzt und schweigt und lauscht … Indem man im Inneren zu ihr geht und sich ihr anvertraut … Indem man sich auf die Erde legt und die Erde spürt und zu Mutter Erde spricht und auf ihre Antworten lauscht …

Diese Stille ist überall wie die Leinwand hinter dem Bild, wie die Stille hinter der Musik … Die Hohepriesterin ist nicht selber diese „Sounds of Silence", aber sie kennt den Weg dorthin und sie lebt halb dort und halb hier.

Die beiden Säulen, zwischen denen sie sitzt, sind die beiden Säulen Bohas („Ich, Gott, bin Stärke!") und Jahin („Ich, Gott, werde mich erheben!") am Eingang des Tempels des Salomo und sie sind auch die beiden äußeren Säulen des kabbalistischen Lebensbaumes.

Auf der Vorhang hinter der Hohepriesterin sind Granatäpfel zu sehen – das Symbol der Fruchtbarkeit. Sie sind wie die Sephiroth (Bereiche) auf dem kabbalistischen Lebensbaum angeordnet (der auch auf der Münz-10 zu sehen ist).

Zu ihren Füßen liegt die Mondsichel – sie ist die Mondgöttin, sie kennt die Innenseite der Welt, sie kennt die Zyklen.

Sie trägt ein Kreuz auf ihrer Brust – sie ist Maria.

Sie hält die Tora, das jüdische Gesetz, in ihrer Hand – sie ist Shekinah.

Sie trägt die altägyptische Göttinnen-Krone, die aus zwei Kuhhörnern und aus der Sonne besteht – sie ist Hathor.

Hinter ihr liegt das Meer – die Weite der inneren Welten und deren endloses Fließen.

Diese Karte regt an, in sich zu schauen, zu meditieren, zu schweigen, zu lauschen, zu spüren – und zu schauen, was sich aus dem ergibt, was man dabei findet.

Wenn diese Karte auf dem Kopf liegt, hat man wahrscheinlich in seinem Leben die Innigkeit verloren, für die das regelmäßige Schweigen und Lauschen eine Voraussetzung ist. Wenn das Leben zu oberflächlich geworden ist und keinen Sinn mehr hat, hilft Aktionismus nur seht kurzfristig – besser wäre inne zuhalten und nach innen zu blicken und sich dem zu stellen, was man dort findet, und weiter zu suchen, bis man wieder zu seinen Wurzeln zurückgefunden hat.

Diese Karte der Mystiker und Yogis ist nicht nur etwas für spirituelle Entdecker – ein wenig von diesem Schweigen läßt jedes Leben tiefer und freudereicher werden.

IV A 1. d)   3. Die Herrscherin

Die Herrscherin ist das Gedeihen und die Fruchtbarkeit. Die ihr vorausgehende Hohepriesterin ist die Helferin der Mystiker, die Dakini der Lamas, die Gefährtin der Yogis – die Herrscherin ist die Göttin der Hexen, die Große Mutter der Pantheisten, die Erdgöttin vieler alter Religionen …

Die Herrscherin trägt eine Sternenkrone – sie lebt und leitet im Einklang mit den astrologischen Rhythmen.
Sie trägt ein Szepter, einen Zauberstab – sie ist mit den Göttern und mit der Einheit verbunden.
Sie trägt ein weißes Gewand – sie ist die Reinheit.
Auf ihrem Gewand sind rote Rosen abgebildet – sie ist die Liebe zu allen Dingen.
Sie sitzt auf einem Thron – sie ist die Herrscherin.
Vor ihr liegt ein Kornfeld – sie ist die Fruchtbarkeit der Felder und sie ist die Ernährerin.
Neben ihr ist ein Wasserfall – sie ist die Geborgenheit im Fluß aller Dinge.
Hinter ist ist ein Wald – sie ist auch die Wildnis.

Wenn sie im Orakel erscheint, kündet sie Geborgenheit und Gedeihen an, Freude und Gemeinschaft, Genährt-werden und Wohlstand … Manchmal rät sie auch, daß man den eigenen Blick mehr auf diese Dinge richten sollte.
Wenn diese Karte auf dem Kopf steht, fehlt diese Fruchtbarkeit und dieses Eingebettetsein in die Welt … dann wird es Zeit, in die Natur zu gehen, den Wind zu spüren und die Sonne, einmal abzuschalten, die Sinne zu öffnen, die Erde unter den bloßen Füßen zu spüren, die Beeren am Wegrand zu schmecken, den Duft der Blumen zu riechen, und in all dem sich selber wieder als einen Teil des Ganzen zu spüren.

IV A 1. e)   4. Der Herrscher

Die Karte „Der Herrscher" repräsentiert Herrschaft … und steht für Hausherren, Unternehmer, Könige, Kanzler, Abteilungsleiter, Direktoren usw.
Wenn diese Karte im Orakel erscheint, spielt die Herrschaft entweder bereits die

wesentliche Rolle oder sie wird in der betreffenden Situation gebraucht.

Die Herrschaft braucht Stärke, den Willen zu prägen, Entschiedenheit, Überblick, Menschenkenntnis, Unterstützung, strategisches Geschick, Konfliktbereitschaft …

Der Herrscher sitzt auf einem Thron – das Zeichen der Überlegenheit.

Er trägt eine Krone – das Zeichen der Herrschaft, des erwachten Scheitelchakras und der Verbundenheit mit Gott.

Er hält einen goldenen Reichsapfel in seiner Hand – das Symbol der Herrschaft über die Erde.

Er hält ein Szepter in seiner Hand – das Symbol des Weltenbaumes, der die Verbindung zu den Göttern ist.

Das Szepter hat die Form eines Ankh – die Hieroglyphe des Lebens, das von dem Herrscher beschützt wird.

An seinem Thron sind vier Widderköpfe – das astrologische Zeichen Wider hat die Fähigkeit, neues zu gründen und die ganze Kraft auf ein einziges Ziel auszurichten.

Der Herrscher trägt eine Rüstung – er ist ein Krieger.

Das Land hinter ihm ist felsig und karg – er ist ein Krieger und kein Bauer.

Der Herrscher hat einen weißen Bart und weißes Haar – er ist weise.

Wenn diese Karte auf dem Kopf liegt, warnt sie vor Ohnmacht oder vor Despotismus.

In diesem Fall ist es hilfreich, sowohl sich selber als auch die anderen zu sehen und nicht eine der beiden Seiten der anderen unterzuordnen – neben der Herrschaft wird auch die Kooperation gebraucht.

IV A 1. f)   5. Der Hohepriester

Die „V" der Großen Arcana ist der Lehrer – sowohl der weltliche als auch der spirituelle Lehrer. Er kennt die Regeln und Gesetzmäßigkeiten so gründlich, daß er sie auch lehren kann.

Er sitzt auf einem Thron – er ist eine Autorität.

Er sitzt zwischen zwei Säulen – er sitzt im Tor des Tempels.

Er trägt eine Krone – das Zeichen der Herrschaft, des erwachten Scheitelchakras und der Verbundenheit mit Gott.

Er hält ein Szepter in seiner Hand – das Symbol des Weltenbaumes, der die Verbindung zu den Göttern ist.

Er hält seine Hand zum Eid erhoben – ein Symbol der Aufrichtigkeit.

Vor seinen Füßen ist das Symbol der beiden Schlüssel – das Symbol des Papstes, des Nachfolgers Petri.

Vor ihm knien zwei Schüler – der Hohepriester lehrt seine Weisheit.

Wenn diese Karte falsch herum liegt, ist der Lehrer in Wirklichkeit ein Scharlatan oder hat üble Absichten. Dies kann von der Bereicherung bis zur Schwarzen Magie reichen, aber in den meisten Fällen bedeutet es lediglich realitätsferne Überzeugungen oder die Suche nach verläßlichen Informationen an der falschen Stelle.

In beiden Fällen ist die Überprüfung des eigenen Weltbildes und der Autoritäten, auf die man sich verlassen hat, förderlich.

IV A 1. g) 6. Die Liebenden

Die Liebenden sind leicht zu deuten: Beziehungen. … aber das Thema ist nicht das leichteste im Leben.

Adam und Eva stehen vor dem Baum des Lebens und vor dem Baum der Erkenntnis. Raphael, der „Engel in der Sonne", segnet beide. Diese Szene spielt also noch vor der Vertreibung aus dem Paradies.

Der Berg im Hintergrund ist der Weltenberg, die Verbindung zu Gott.

Die Schlange an dem Baum der Erkenntnis ist die Kundalini und somit ein Symbol der Weisheit gewesen, bevor sie zur Verursacherin allen Leides umgedeutet worden ist.

Wenn diese Karte richtig herum steht, kündet sie eine Beziehung an oder weist darauf hin, daß Beziehungen gerade das wichtigste Thema sind.

Wenn sie jedoch auf dem Kopf steht, ist zu befürchten, daß es Beziehungskrisen gibt, daß man den engen Kontakt zu anderen Menschen aufgegeben hat, daß man sich an jemanden festklammert … es gibt viele Möglichkeiten von Irrungen und Leid in Beziehungen.

Das einzige, was hilft, ist die Besinnung auf sich selber.

IV A 1. h)   7. Der Siegeswagen

Jemand hat sich selber erforscht, einen Beschluß gefaßt und setzt nun seine Absichten in die Tat um – Kraft in Aktion.

Der Streitwagenfahrer trägt eine Rüstung – er ist ein Krieger.
Auf seiner Brünne ist ein weißes Quadrat zu sehen – das indische Symbol des Elementes Erde, daß zeigt, daß der Streitwagenfahrer seine Absichten erdet und verwirklicht.
Die Schulterteile seiner Brünne sind zwei Mondsicheln – der Streitwagenfahrer beachtet in seinem Handeln (Arme) die Zyklen, denen alle Dinge folgen.
Er trägt eine Krone mit einem Stern – er ist inspiriert.
Er hält ein Szepter – er ist mit den Göttern verbunden.
Sein Wagen trägt einen Baldachin – das Zeichen des Ruhmes.
Der Baldachin ist mit Sternen geschmückt – der Streitwagenfahrer handelt im Einklang mit den Gesetzmäßigkeiten der Welt.
Auf seinem Waffenrock stehen astrologische und alchemistische Zeichen – er kennt die Regeln, nach denen diese Welt funktioniert.
Der Wagen wird von zwei Sphinxen gezogen – die Kraft des Streitwagenfahrers stammt aus seiner Weisheit.
Die Sphinxe sind schwarz und weiß – der Streitwagenfahrer vereint für seine Absichten auch gegensätzliche Kräfte.
Hinter ihm liegt eine Stadt – er hat großen Rückhalt.

Wenn diese Karte auf dem Kopf liegt, fehlt einem entweder der Antrieb oder man schießt über sein Ziel hinaus und übertreibt.
In beiden Fällen hilft die Besinnung auf das eigene Ziel sowie die Erforschung der Regeln in dem Bereich, in dem man handeln will.

IV A 1. i)   8. Die Stärke

Die Stärke, die hier gemeint ist, läßt sich nicht in in „cm Bizeps-Umfang" ausdrücken, da hier eine Stärke gemeint ist, die aus der inneren Sicherheit heraus entsteht. Sie ist mit Gelassenheit, Entschiedenheit, Bestimmtheit und Freundlichkeit verbunden. Die Taten, die aus dieser Form der Stärke heraus getan werden, sind oft völlig unscheinbar und manchmal fast wie ein Wunder – aber immer effektiv.
Diesen Taten geht eine innere Sammlung voraus, in der man sich das Erreichen des Zieles solange immer wieder lebhaft vorstellt, bis man es mühelos in die Tat umsetz-

ten kann. Dies ist das Geheimnis fast aller Magie: das äußere Tun fließt aus einer klaren und lebendigen inneren Vorstellung heraus.

Ein Löwe – die große Kraft.
Eine Frau schließt dem Löwen lächelnd das Maul – innere Gewißheit ist stärker als Körperkraft.
Über dem Kopf der Frau schwebt eine liegende „8" – das Zeichen der Verbundenheit mit der spirituellen Welt.
Sie trägt ein weißes Kleid – das Zeichen der Reinheit.
Sie trägt einen Rosengürtel – das Zeichen der Liebe.
Sie steht in einer grünenden Landschaft – das Zeichen des Gedeihens.
Im Hintergrund steht ein Berg – der Ort, an dem man den Göttern nah ist.

Wenn diese Karte richtig herum steht, ist man ganz bei sich und die Löwen können einem nicht schaden – genauso wenig wie sie Daniel in der Löwengrube verletzen konnten.

Wenn diese Karte jedoch auf dem Kopf steht, hat man den inneren Halt verloren und ist verwirrt oder hart geworden – und ohne die innere Gewißheit über das Ziel und die lebendige, von lächelnder Vorfreude erfüllte Vorstellung über das Erreichen des Zieles fehlt die Magie im eigenen Leben … dann wird das Leben mühsam und karg.

IV A 1. j)   9. Der Eremit

Der Eremit ist nicht unbedingt einsam. Er ist die Besinnung auf sich selber, das Vertrauen in sich selber, der Entschluß, sich selber treu zu sein und aus dieser Haltung heraus den eigenen Weg zu gehen.

Der Eremit steht im Gebirge – er sucht immer wieder die innere Ruhe auf.
Er trägt eine Kapuzen-Kutte – er schützt sich vor äußeren Störungen.
Er hält einen Wanderstab – seine Erfahrungen und sein Wissen.
Er hält eine Laterne – das Licht seines Vertrauens und seiner Verbindung zu den Göttern.
Das Licht ist ein Hexagramm – ein Symbol der sieben Planeten, die er kennt und deren Kraft er in sich selber gefunden hat.

Solange diese Karte richtig herum steht, ist die Selbstbesinnung freiwillig. Sollte sie jedoch auf dem Kopf stehen, wird man mit mehr oder weniger großem äußeren Druck zur Selbstbesinnung gedrängt. In beiden Fällen gibt es nur ein sinnvolles Verhalten:

still werden und in das eigene Innere schauen.

IV A 1. k)   10. Das Rad des Schicksals

Das Lebensrad stellt das Auf und Ab im eigenen Leben und in allen Dingen dar: Im Frühjahr und Sommer wachsen die Dinge, im Herbst und Winter vergehen sie wieder, aber es folgt auch immer ein neuer Frühling …

Außen sind die vier Elemente zu sehen – sie sind der Rahmen der Bewegungen des Rades:
> der „Luft-Apostel" Matthäus als Engel (Tierkreiszeichen Wassermann),
> der „Feuer-Apostel" Markus als Löwe (Tierkreiszeichen Löwe),
> der „Erd-Apostel" Lukas als Stier (Tierkreiszeichen Stier) und
> der „Wasser-Apostel" Johannes als Adler (Tierkreiszeichen Skorpion).

Rings um das Rad sind eine ägyptische Sphinx, der ägyptische Gott Seth und die ägyptische Riesenschlange Apophis zu sehen – die Bewegung des Rades wird von der Weisheit (Sphinx), der Kraft des Körpers (Seth) und von dem Tod (Apophis) bewegt.

Auf der Felge des Rades steht in lateinischen Buchstaben das Wort „rota" bzw. „tarot" – „rota" ist das ewige Drehen des Rades und „Tarot" ist die Erkenntnis dieses Drehens.

Auf der Felge des Rades steht in hebräischen Buchstaben der Name YHVH (Jehovah) – der ewige Kreislauf ist von Gott erschaffen worden.

Das Rad hat acht Speichen – die Zahl der Vollständigkeit und Vollkommenheit.

Vier der Speichen tragen die alchemistischen Symbole der drei Grundelemente Sulphur, Sal und Merkurius sowie das astrologische Symbol des Wassermanns.

Die Nabe des Rades ist ein Kreis mit acht Speichen – das Symbol der Quintessenz, des Ursprunges und des Geistes.

Dieses Rad verkörpert nicht nur das ewige Auf und Ab der Felge, sondern auch die Ruhe der Nabe sowie die acht Felgen als den Weg dorthin. Dieses Rad ist auch das Symbol des Buddhismus: der achtfache Pfad vom leidvollen Samsara im Außen zum friedvollen Nirvana im Zentrum.

Solange diese Karte richtig herum steht, hat man genügend Verbindung zur Mitte, um nicht im Auf und Ab des Lebens seinen inneren Halt und das optimistische Gestalten des eigenen Lebens zu verlieren.

Wenn diese Verbindung, diese „re-ligio", diese Nabelschnur zu der Einheit hinter all der Vielheit fehlt, wird das Leben zu Leid.

Dann hilft nur die Rückkehr in die Stille, in der man die eigene Seele und vielleicht auch Gott wiederfindet.

IV A 1. l)   11. Die Gerechtigkeit

Diese Karte symbolisiert die Erkenntnis der Dinge in der eigenen Umgebung, das Betrachten der möglichen Entwicklungen, das Einschätzen der Motivationen der Beteiligten, die Bewußtheit über den wünschenswerten Zustand sowie schließlich die Entscheidung und das verkündete Urteil, das dann auch durchgesetzt wird.

Die Gerechtigkeit sitzt vor zwei Säulen – sie wird durch die Weisheit im Tempel geleitet.
Sie sitzt auf einem Thron – sie hat Autorität.
Sie hält eine Waage – sie ist unparteiisch und gerecht.
Sie hält ein Schwert – sie hat Macht.
Sie trägt eine Krone – sie ist inspiriert.
Auf der Krone ist ein kleines Quadrat – das indische Symbol des Erdelementes, das die Inspiration erdet.
Ihr Umhang wird von einer Fibel zusammengehalten, die die Form eines kleinen Quadrates mit einem Kreis in ihm hat – der Luft-Aspekt des Erdelementes: das Förderliche (Erde) in Worte fassen (Luft) = das gerechte Urteil.

Sollte diese Karte auf dem Kopf liegen, ist man voreingenommen oder parteiisch oder entschlußunfähig oder in sonst einer Weise nicht in der Lage, die Situation als das zu erkennen, was sie ist. Dies führt dann zu Urteilen und Handlungen, die nicht die gewünschte Wirkung haben.

Wenn die „Gerechtigkeit" auf dem Kopf liegt, ist es förderlich, ein Stück zurückzutreten die eigenen Gefühle zu beruhigen und das Ganze noch einmal etwas neutraler zu betrachten. Manchmal ist es auch hilfreich, die eigene Motivation für das Fällen eines Urteils zu überprüfen.

IV A 1. m)   12. Der Hängende

Diese Karte zeigt, daß jemand erkannt hat, das die eigene Lebenssituation nicht mehr haltbar ist und daß sich etwas verändern muß und daß diese Person die ersten Schritte zu dieser Veränderung bereits gegangen ist.

Ein Mann hängt an einem Baum – die Bereitschaft zum schmerzhaften Wandel.

Der Baum hat die Form eines „T" – dies ist ein Hinweis auf den hebräischen Buchstaben „Tau", der der letzte des hebräischen Alphabetes ist und daher wie das griechische „Omega" die Vollendung symbolisiert, die der Mann an diesem Baum erreichen will.

Der Kopf des Mannes leuchtet – er ist freiwillig in dieser Situation und hat die eigenen Wahrheit und die eigene Erleuchtung (Scheitelchakra) als Ziel.

Der Mann ist gefesselt – er ist bereit, größere Kräfte auf sich wirken zu lassen, um heil zu werden.

Der Mann formt mit seinen Armen und Beinen ein Kreuz über einem Dreieck – das Symbol des Magier-Ordens „Golden Dawn", dessen Ziel es war, seinen Mitglieder zu helfen, ihre eigene Seele zu erkennen und deren Licht ungehindert durch die eigene Psyche leuchten und im außen zu inspirierten Handlungen werden zu lassen.

Sollte diese Karte auf dem Kopf liegen, ist evtl. der gewählte Weg nicht sehr effektiv oder man gerät unfreiwillig in dieses Selbstopfer.

Dann hilft am ehesten die Besinnung auf das eigene Ziel (Eremit), die Rückkehr in die inspirierende Stille (Hohepriesterin) und danach ein neuer Entschluß (Magier).

Dieses Selbstopfer ist ein häufiges Motiv in vielen Religionen: Christus am Kreuz, Buddha unter dem Bo-Baum, Odin am Weltenbaum, der zerstückelte Osiris, der zerrissene Attis, der Sonnentanz der Cheyenne …

Diese Karte ist die Weisheit des Löwenzahns, der zur Pusteblume wird, und der Raupe, die sich verpuppt, auflöst und dann zum Schmetterling wird.

IV A 1. n)   13. Der Tod

Der Tod ist das Ende … der Tod ist die Verwandlung … der Tod ist ein dunkles Tor, das zu einem neuen Land führt …

Der Tod trägt eine Rüstung – er ist mächtig.
Die Rüstung ist schwarz – er ist schrecklich.
Sein Roß ist weiß – er ist rein.
Das Roß hat glühende Augen – nichts kann es aufhalten.
Der Tod trägt eine weiße Rose auf schwarzem Feld als Banner – die Seele in der Dunkelheit.
Ein König, ein Priester und zwei Kinder liegen, knien oder stehen vor dem Tod –

der Tod kommt zu jedem ... und der Tod wird leichter, wenn man ihn akzeptiert.

Im Hintergrund ist ein Fluß mit einem Schiff – der Jenseitsfluß mit der Barke des Jenseitsfährmannes.

Auf den Bergen jenseits des Flusses stehen zwei Türme – der Eingang in eine andere Welt.

Hinter den beiden Türmen geht die Sonne auf – die Auferstehung und die Wiedergeburt.

Wenn diese Karte auf dem Kopf steht, wehrt man sich gegen das Ende des eigenen Lebens, einer Unternehmung, einer Beziehung oder irgendeiner anderen Sache und kann sich nicht auf den Wandel einlassen. Oder man hat resigniert und hat über das Ende einer einzelnen Sache seinen ganzen Lebensmut verloren.

In solch einer Situation ist es empfehlenswert, den Wandel aller Dinge zu betrachten und sich an die Stille und die Geborgenheit im Zentrum allen Wandels zu erinnern (Schicksalsrad) – die Rückkehr ins Zentrum des Zyklons.

IV A 1. o)   14. Das rechte Maß

Der Name dieser Karte wird oft mit „Mäßigkeit" übersetzt, was jedoch irreführend ist, da hier nicht ein unkonturiertes und laues Mittelmaß, sondern ein bewußtes Maßhalten gemeint ist.

Diese Karte stellt die Sachkenntnis und die Inspiriertheit dar, die es zusammen ermöglichen, sinnvoll und effektiv zu handeln. Sie symbolisiert den goldenen Mittelweg, der zum eigenen Zentrum und zu dem Zentrum der Welt führt.

Ein Engel mit einer Sonne auf seiner Stirn – Raphael, der Engel in der Sonne, der die Seelen kennt.

Sein Gewand ist weiß – er ist rein und kennt das Innerste aller Wesen.

Vor seinem Herzchakra ist auf seinem Gewand ein weißes Quadrat mit einem orangenen Dreieck in ihm zu sehen – der Feuer-Aspekt der Erde: die innere Kraft erwärmt den Körper, das Herz lenkt den Leib, die Seele steuert das Leben.

Der Engel steht mit einem Fuß auf dem Land, mit dem anderen im Wasser – er verbindet Diesseits (Land) und Jenseits (Wasser).

Er gießt Wasser von einem Kelch in einen anderen ohne einen Tropfen zu verschütten – das Zeichen der verlustfreien Verwandlung: Reinkarnation.

Neben ihm blühen zwei gelbe Schwertlilien – die Kombination der Reinheit der Lilie mit dem Gold der Sonne: die Reinheit der Seele.

Von dem Wasser führt ein Weg auf den Gipfel, über dem die Sonne erscheint – aus den Wassern der Unterwelt und der Psyche kann man durch viele Verwandlungen zu dem Berg gelangen, auf dem die Erkenntnis Gottes und der eigenen Seele möglich wird.

Der Entschluß, der durch den „Hängenden" dargestellt wird, beginnt bei dem „Maßhalten" Früchte zu tragen und man erkennt, daß der eingeschlagene Weg der richtige ist, auch wenn man das Ziel noch nicht erreicht hat.

Wenn diese Karte auf dem Kopf steht, fehlt an irgendeiner Stelle das rechte Maß. Es kann durchaus sein, daß die generelle Richtung richtig ist, aber an irgendeiner Stelle gibt es einen Irrtum im Detail, der den Erfolg verhindert.
Diese Karte kann der Rat zu mehr Sorgfalt sein, aber auch die Warnung vor verkrampftem Festklammern am Detail. Sowohl Mangel an eigenem Engagement als auch Mangel an Vertrauen sind denkbar.
Die Lösung ist ... nunja ... Maßhalten ...

IV A 1. p)   15. Der Teufel

Der Teufel ist das Symbol des Bösen und der Triebe. Er ist der Gegenspieles des Guten, der Feind Gottes.

Er hat Hörner und Krallenfüße und Fledermausflügel – er ist halb ein Tier.
Zwischen seinen Hörnern ist ein umgekehrtes Pentagramm zu sehen – das Symbol der Verstrickung des Geistes in der Materie.
Er hält eine Fackel in seiner Hand, die nach unten weist – die Begierden, die den Menschen aus dem Paradies vertrieben haben.
Zwei nackte Menschen sind an den Sockel-Thron des Teufels gefesselt – er hat durch die Sexualität Macht über die Menschen.

Dies ist die mittelalterlich-christliche Deutung des Teufels. Doch woher stammt der Teufel eigentlich?
Diese Tier-Mensch-Mischgestalt ist bei allen Indogermanen und auch im vorderen Orient zu finden. Sie ist ein Archetyp, der durch einen Bestattungsbrauch entstanden ist, der bis in die frühe Jungsteinzeit zurückverfolgt werden kann: Die Toten wurden bei ihrer Bestattung in das Fell eines männlichen Herdentieres gewickelt.
Der Grund für diesen Brauch liegt in der Vorstellung, daß auch die Ankunft im Jenseits eine Geburt ist: eine Wiedergeburt durch die Jenseitsgöttin. Es lag nahe, einer solchen Wiedergeburt auch eine Wiederzeugung vorausgehen zu lassen. Um die

Zeugungskraft des Toten bei dieser Wiederzeugung zu sichern, opferte man für sie ein Herdentier (diese mußten schließlich fruchtbar sein, da sie in großen Herden lebten) und übertrug deren Zeugungskraft auf den Toten, indem man diese in das Fell des Herdentieres wickelte.

Da man den Schädel und die Hufe an diesem Fell ließ, konnte man einen Toten recht einfach dadurch darstellen, daß man ihn als gehörnt oder mit Pferde- oder Ziegenfuß abbildete.

Nun waren damals, lange Zeit vor der Erfindung der Schulen, die Eltern die Quelle allen Wissens und jeder Hilfe. Daher bestand der Wunsch, auch nach dem Tod der Eltern den Kontakt mit diesen aufrecht zu erhalten. Die Aufgabe der dafür notwendigen Jenseitsreisen bzw. „Totenbeschwörungen" übernahmen die Schamanen. Die heutige Form dieser Ahnen-Gespräche sind die Familienaufstellungen.

Im Judentum, im Christentum und im Islam gibt es den einen Gott Vater, der der Vater aller Menschen ist. Für diese Vorstellung waren die konkreten Ahnen, bei denen man Rat und Hilfe suchte, die größte Konkurrenz – warum sollte man einen anonymen Gott Vater um Rat und Hilfe fragen, wenn man doch seinen eigenen Vater bitten konnte? Daher wurde der gehörnte hilfreiche Ahn zu dem größten Feind der drei monotheistischen Religionen – die Menschen sollten nicht mehr dem eigenen Vater vertrauen, sondern Gott Vater und der Kirche.

So ist der Teufel entstanden.

Die Karte „Der Teufel" weist somit zwar auf die Instinkte und die Köperbezogenheit hin, aber auch auf den Halt bei den Ahnen. Die Furcht vor dem Teufel ist eigentlich die Furcht vor dem Tod – die Väter, die früher den Lebenden vom Jenseits aus mit Rat und Tat zur Seite standen, sind zu der Ursache des Todes und allen Übels umgedeutet worden.

Wenn man diese Karte im Orakel erhält, weist sie auf mehrere Fragen hin:

„Bist Du ein Freund Deines Körpers?"
„Trüben Ängste und Süchte die Wahrnehmung Deines eigenen Herzens?"
„Findest Du Halt bei Deinen Eltern und bei Deinen Ahnen?"
„Hast Du Frieden mit Dir selber oder kämpfst Du gegen Dich selber?"

Sollte diese Karte auf dem Kopf stehen, ist es vermutlich bereits schwierig, sich diese vier Frage überhaupt zu stellen, da man dann recht wahrscheinlich in Ängsten, Begierden, Süchten, Mißtrauen, Einsamkeit u.ä. verstrickt ist.

Die Heilung ist für diese Karte, egal ob sie richtig herum oder auf dem Kopf liegt, dieselbe:

- den eigenen Körper spüren, ihn annehmen, sich mit ihm anfreunden;

- Halt in der Welt suchen, bei den Eltern, in der Familie, bei den Ahnen, bei Freunden, sich draußen in der Natur auf die Erde legen;
- still werden, in sich hineinlauschen, der eigenen Seele wieder die oberste Autorität im eigenen Leben zurückgeben …

Der Teufel ist das Verdrängte in der eigenen Psyche, der eigene „Schatten", der zum Heilwerden wieder integriert werden muß.

IV A 1. q)   16. Der Turm

Manchmal hat man auf Sand gebaut, manchmal hat man bei seinen Plänen einen wichtigen Punkt übersehen, manchmal ist man in die falsche Richtung losgegangen – und man erkennt den Irrtum, wenn das eigene Gebäude zusammenbricht.

Ein Turm auf einem Berggipfel – das Streben, zum Himmel zu gelangen.
Eine Krone auf dem Turm – ein sich-Öffnen nach oben zu Gott hin oder ein sich selber für das allmächtige Größte halten?
Ein Blitz schlägt die Krone vom Turm herab – die nicht beachteten Naturgesetze und spirituellen Regeln lassen das Gebäude, daß diese Gegebenheiten nicht beachtet hat, einstürzen.
Feuer im Turm – das mit Irrtümern behaftete Projekt verbrennt.
Ein König und ein Baumeister stürzen vom Turm herab – der tiefe Fall nach dem überheblichen Aufstieg.

Das christliche Urbild zu dieser Karte ist der Turmbau zu Babel. Dort straft Gott (laut Bibel) die Babylonier für ihre Überheblichkeit.
Man kann diese Karte jedoch auch etwas neutraler sehen: Wenn man etwas aufbaut und zu wenig Sachkenntnis hat, wird das Projekt früher oder später zusammenbrechen.
Dieses Scheitern ist nicht notwendigerweise „schlecht" – jedes Kind lernt das Laufen dadurch, daß es immer wieder hinfällt und wieder aufsteht. „Versuch und Irrtum" oder „Mutation und Selektion" sind die beiden Prinzipien, die jeden Fortschritt in Gang halten.
Der wichtige Punkt bei dieser Karte ist es, aus den Fehlschlägen zu lernen und sie nicht zu wiederholen – und optimalerweise die eigenen Versuche so anzulegen, daß der Irrtum möglichst schnell und mit nur kleinen Folgeschäden offensichtlich wird.
Wenn diese Karte richtig herum liegt, wird man es mit dem Verdauen des Fehlschlages, mit der Einsicht in die eigenen Fehler und mit einem korrigierten Neubeginn

nicht allzuschwer haben.

Sollte diese Karte jedoch auf dem Kopf liegen, könnte es sein, daß man resigniert, mit dem Schicksal hadert, verbissen denselben Weg immer wieder geht und sich einfach weigert, zum einen die Welt als das, was sie ist, zu sehen und zum anderen immer wieder die eigenen Möglichkeiten auszuloten.

Diese beiden letztgenannten Dinge sind das, was hilft, wenn man im Orakel den „Turm" gezogen hat.

Die derzeit vermutliche bekannteste Gelegenheit, bei der der „Turm" die nahenden Ereignisse ankündete, findet sich im 6. Band der „Harry Potter"-Bücher, in denen die Seherin Trelawny immer wieder den „Turm" zieht und noch am selben Abend Dumbledore getötet wird und vom Turm stürzt.

IV A 1. r)   17. Der Stern

Die Karte „Der Stern" hat einige Ähnlichkeit mit der „Mäßigkeit": Auf beiden ist ein Engel bzw. eine Frau zu sehen, die mit einem Fuß auf dem Land und mit dem anderen auf bzw. im Wasser steht und die zwei Krüge bzw. Kelche hält.

Während der Engel jedoch das Wasser von einem Kelch in den anderen fließen läßt, gießt die Frau das Wasser auf die Erde und in den See. Der Engel symbolisiert daher die Verwandlung und die „Stern-Frau" die Auflösung.

Der Stern ist die Hingabe an etwas Größeres: an ein Ideal, an eine Vision, an eine Ziel, an eine Gottheit.

Die Frau ist nackt – Reinheit und Ursprünglichkeit.

Über ihr steht ein großer Stern – Ideale, möglicherweise eine Gottheit.

Daneben stehen sieben kleinere weiße Sterne – die sieben Planeten, mit denen sie im Einklang steht.

Sie steht mit einem Fuß auf dem Land und mit dem anderen auf dem Wasser – sie ist im Diesseits und im Jenseits zuhause, sie kennt beide Pole der Welt, Yin und Yang.

Sie gießt zwei Krüge Wasser aus – sie braucht keine Abgrenzung mehr, weil sie ihre eigene Qualität, ihr eigenes Wesen kennt und völlig sicher in ihrer Mitte ruht.

Hinter ihr sitzt ein Vogel auf einem Baum auf einem Hügel – ihr Seelenvogel auf dem Weltenbaum.

Diese Karte fordert dazu auf, danach zu streben, in sich selber zu ruhen, unbeirrt die eigenen Impulse zu leben und sich durch diese beiden Dinge wieder mit der Welt zu verbinden und sich als ein Teil der Welt zu erleben.

Wenn diese Karte auf dem Kopf steht, fehlt es evtl. an Idealen oder die Visionen, denen man folgt, sind nicht wirklich im eigenen Herzen begründet. Vielleicht ist man auch zu hart im Verfolgen der eigenen Ziele geworden statt im Rhythmus des Lebens mitzuschwingen.

Die verlorene Geborgenheit in der Welt, durch man selber wie ein Stern leuchten kann, kann man durch die Besinnung auf sich selber (Eremit, Hängender) und durch die Rückkehr in die Stille (Hohepriesterin) wiederfinden.

IV A 1. s)   18. Der Mond

Der Mond ist die Reise nach innen: die Träume, die Traumreise, die Vision, die Therapie, die Einweihung, die Meditation …
Die durch diese Karte dargestellte Qualität hilft, sich selber gründlicher kennenzulernen und alle Teile der eigenen Psyche wieder zu integrieren.

Oben steht der Mond – das Symbol der Innenseite der Welt und des Menschen.
Vorne ist ein Gewässer – das Unterbewußtsein, der Bereich der Lebenskraft.
Aus dem Wasser steigt ein Krebs empor – ein Teil der eigenen Psyche, der noch unbekannt ist oder der gefürchtet wird.
Am Ufer sitzt ein Wolf – die eigene im Inneren verborgene wilde Kraft, die nach Ausdruck sucht.
Am Ufer sitzt ein Hund – der Spürhund, der den Weg in das Unbekannte kennt.
Vom Ufer führt ein Weg in die Ferne – der Weg in das Unbekannte.
Der Weg führt zwischen zwei Türmen hindurch – das Tor ins Jenseits, in das Unbekannte.

Diese Karte rät dazu, sich das Verborgene anzusehen: die eigene Psyche, die eigenen Träume, unentdeckte Ängste und Fähigkeiten, verdrängte Süchte, idealisierte Askese …
Solange diese Karte richtig herum steht, gibt es genügend Einsicht, um diese Reise nach innen freiwillig zu beginnen.
Sollte sie jedoch auf dem Kopf stehen, wird man wohl erst unter Zwang oder in großer Not nach innen blicken – vielleicht fürchtet man seine eigene Innenseite, vielleicht hat man sich auch in den inneren Bildern verlaufen und kann sie nicht mehr sicher von der Realität unterscheiden. Diese Karte hat ein breites Spektrum an Schattenseiten von der Selbstentfremdung des krassen Materialismus bis hin zur Weltentfremdung der Psychose.
Die beiden Dinge, die von dieser Karte geraten werden, sind das Erinnern an die

eigene Seele und das Still-werden und Schauen.

IV A 1. t) 19. Die Sonne

Dies ist die Karte der strahlenden Seele – man ruht in sich selber und das, was man im Innersten ist, kann ungehindert nach außen strahlen.

Ein kleines Kind – die Seele, das innere Kind, die eigene Wahrheit, die eigene Lebensfreude.
Das Kind reitet auf einem Pferd – das mühelosen Lenken der eigenen Kraft.
Eine rote Fahne – die Schwingen der eigenen Lebendigkeit.
Die lächelnde Sonne – das Strahlen der eigenen Seele, Buddhas Lächeln, die kindliche Freude am Lebensspiel.
Sonnenblumen – die Spiegel der Sonne im Pflanzenreich.

Richtig herum bedeutet diese Karte müheloses Gelingen und freudevolles Spiel.
Falsch herum bedeutet diese Karte Mühe, Selbstentfremdung, Verbissenheit, Ratlosigkeit.
Was könnte da außer dem Wiederfinden des eigenen inneren Kindes helfen?

IV A 1. u) 20. Die Auferstehung

Auf die Selbstopferung des „Hängenden" folgte erst die Verwandlung der „Mäßigkeit" und dann die Auflösung des „Sterns", die nun endlich zu der „Auferstehung" führen: die alten, verzerrten Formen in der Psyche sind aufgelöst worden, die Angst hat sich wieder zu Lebendigkeit befreit und man kann aufatmen und sich wieder erheben.
Diese „Auferstehung" ist nicht nur ein Vorgang nach dem Tod, sondern auch eine Phase, die auf jede sinnvolle Anstrengung und jede Bereitschaft zur Verwandlung folgt – nach der langen Suche und Stagnation beginnt das eigene Leben wieder zu fließen.

Ein Engel mit einer Posaune erweckt die Toten, die sich aus ihren Gräbern erheben – die eigene Seele wird wieder gehört und man folgt ihrem Klang und wird dadurch wieder lebendig.

Wenn diese Karte richtig herum liegt, endet eine Phase der Suche und der Heilung und des Wandels und man erlangt eine neue Form, die eine größere Lebendigkeit ermöglicht.

Wenn diese Karte jedoch auf dem Kopf steht, gibt es etwas, das diese Erlösung verhindert: Festklammern am Alten, Mißtrauen, Zukunftsangst, falsche Vorstellungen, das Anstreben der falschen Ziele usw.

Hier hilft nur die Besinnung auf die eigene Seele und auf deren Ruhen in der Einheit, die hinter der Vielheit der Welt verborgen ist.

IV A 1. v)   21. Das Universum

„Frau Welt" tanzt das Leben …

An den vier Ecken sind wie auf der Karte „Schicksalsrad" die vier Evangelisten in der Gestalt ihrer Tiere zu sehen – die Harmonie der vier Elemente.
  Ein großer Lorbeerkranz – Vollendung.
  Ein Tanz – das Leben.
  Zwei Stäbe – die beiden Säulen des Tempels: die Verbundenheit mit Gott, mit der Einheit.

Diese Karte symbolisiert das Leben im Einklang mit der Welt, durch die die eigene Seele ungehindert leuchten kann und die Psyche als heiles Ganzes schwingt und der Leib das Leben tanzt.

Sollte diese Karte auf dem Kopf liegen, dann fehlt noch etwas für diesen frei fließenden Lebenstanz:

> das Vertrauen in die Welt – dies kann die „Hohepriesterin" heilen,
> die Bereitschaft zum Wandel – dies kann das „Schicksalsrad" heilen,
> die Kenntnis der eigenen Seele – dies kann der „Eremit" heilen.

IV A 2. Systematiken

Es gibt drei Möglichkeiten, die Großen Arcana als Aspekte eines Systems zu betrachten: die drei Geschichten, die 22 Pfade auf dem Lebensbaum und die astrologischen Analogien.

IV A 2. a) Die drei Geschichten

Die Großen Arcana lassen sich zu drei „Geschichten" anordnen, die jeweils 7 Karten enthalten. Die 22. Karte ist der Narr – er ist der Wanderer, der diese Geschichten erlebt.

Der Anfang dieser drei Geschichten sind die drei ersten Karten der Großen Arcana, die auf den Narren folgen: der Magier, die Hohepriesterin und die Herrscherin.

Die drei Geschichten werden dann s durch die drittnächste Karte fortgesetzt. In der folgenden Tabelle laufen die Karten daher ihrer Reihenfolge entsprechen jeweils von links nach rechts durch eine Zeile und springen dann in die folgenden Zeile.

Die drei Geschichten der Großen Arcana		
1. Geschichte: *Tatkraft*	*2. Geschichte:* *Anteilnahme*	*3. Geschichte:* *Verwandlung*
Der Narr		
1. Der Magier	2. Die Hohepriesterin	3. Die Herrscherin
4. Der Herrscher	5. Der Hohepriester	6. Die Liebenden
7. Der Siegeswagen	8. Die Kraft	9. Der Eremit
10. Das Schicksalsrad	11. Die Gerechtigkeit	12. Der Hängende
13. Der Tod	14. Die Mäßigkeit	15. Der Teufel
16. Der Turm	17. Der Stern	18. Der Mond
19. Die Sonne	20. Die Auferstehung	21. Die Welt

1. Geschichte: Tatkraft

Der Magier entschließt sich, etwas zu tun.

Der Herrscher sammelt alle nötigen Kräfte und Resourcen und hält alles, was an dem Vorhaben beteiligt ist, fest in seiner Hand.

Der Mann in dem Streitwagen verwirklicht das Vorhaben.

Jedes erreichte Ziel und jeder Zustand verändert sich auch wieder: das Schicksalsrad.

Alles Erschaffene vergeht auch wieder: der Tod.

Alles, was nicht auf einem soliden Fundament errichtet wird, bricht schon bald wieder zusammen: der Turm.

Durch Versuch und Irrtum gelangt man so schließlich zu dem strahlenden Selbstausdruck des Sonnenkindes.

2. Geschichte: Anteilnahme

Die Hohepriesterin erkennt in der Stille die wesentlichen Dinge.

Der Hohepriester faßt diese Erkenntnisse in Worte und lehrt sie allen, die sie hören wollen.

Aus dieser Erkenntnis wächst Selbstgewißheit und aus dieser eine mühelose Kraft.

Diese Kraft und Klarheit ermöglichen das Fällen von gerechten Urteilen.

Diese Kenntnis der Menschen und ihres innersten Wesens führt zu der Fähigkeit, in allen Handlungen das rechte Maß zu finden.

Das Erlebnis der ständigen Verwandlungen, die das vom rechten Maß geleitete Handeln bewirkt, führt schließlich zu der Bereitschaft, die eigenen Grenzen aufzulösen, da man völlig sicher in der Selbstgewißheit ruht: der Stern.

Schließlich erreicht man die vollständige Integration der Psyche, sodaß das Licht der Seele ungehindert durch die Psyche nach außen in alle Handlungen strahlen kann: die Auferstehung.

3. Geschichte: Verwandlungen

Die Herrscherin ist mit allem verbunden und sie ist allem wohlgesonnen.

Aus dieser Haltung heraus entsteht die Liebe.

Die Liebe führt dazu, daß man sich selber und auch die anderen immer besser kennenlernt und sich schließlich dazu entschließt, ganz sich selber treu zu sein: der Eremit.

Um zur eigenen Seele zu gelangen und die ganze Psyche auf das Lied der eigenen

Seele einzustimmen, ist es notwendig, sich auf Verwandlungen einzulassen: der Hängende.

Durch die Bereitschaft zur Verwandlungen begegnet man den Teilen von sich selber, die man fürchtet, dem eigene Schatten: der Teufel.

Nach einer Weile beginnt man, im „Land des Mondes", in der eigenen Psyche zuhause zu sein.

Wenn man alle Bereiche des „Landes des Mondes" durchstreift hat und alle Teile der Psyche freundlich integriert hat, kann man unbehindert seinen Lebenstanz tanzen: die Welt.

IV A 2. b)   Die Pfade auf dem Lebensbaum

Die Möglichkeit der Zuordnung der 22 Großen Arcana zu den 22 Pfaden des Lebensbaumes ist eines der beiden Argumente für die Annahme, daß diese Symbole aus der jüdischen Mystik stammen – das zweite Argument sind die 4x10 Zahlenkarten, die den zehn Sephiroth (Bereiche) des Lebensbaumes entsprechen.

Der Lebensbaum hat die Form eines Baumes. Die zehn Bereiche stellen zehn Aspekte Gottes dar, die in dem hebräischen Original des Alten Testamentes als die zehn Namen Gottes erscheinen (Yahwe, Adonai, Zebaoth, El usw.).

Die 10 Sephiroth (Bereiche) auf dem Lebensbaum

Graphik	Name	Farbe	Übersetzung	Charakter
	1. Kether	weiß	Krone	Ursprung
	2. Chokmah	grau	Weisheit	Expansion
	3. Binah	schwarz	Verstehen	Form
	-. (Daath)	unsichtbar	Wissen	Kontinuum
	4. Chesed	blau	Barmherzigkeit	Erweiterung
	5. Geburah	rot	Stärke	Stärke
	6. Tipahreth	gelb	Schönheit	Zentrierung
	7. Netzach	grün	Sieg	Strahlen
	8. Hod	orange	Glanz	Strukturieren
	9. Yesod	violett	Fundament	Assoziieren
	10. Malkuth	braun	Königreich	Erden

Die 22 Karten entsprechen den 22 Pfaden zwischen den Sephiroth. Sie sind systematisch angeordnet: Sie gehen stets von der höchsten Sephirah aus und gehen zu der jeweils höchsten Sephirah, d.h. Der höchste Pfad ist die Verbindung 1=>2, dann folgt 1=>3 usw. bis zum untersten Pfad 9=>10. Diese Pfade sind auf der folgenden Graphik mit kleinen braunen Zahlen durchnummeriert. Diese Graphik hat natürlich vor allem dann einen Nutzen, wenn einem der Lebensbaum als „spirituelle Landkarte" und als „allgemeines Analogiesystem" bereits geläufig ist.

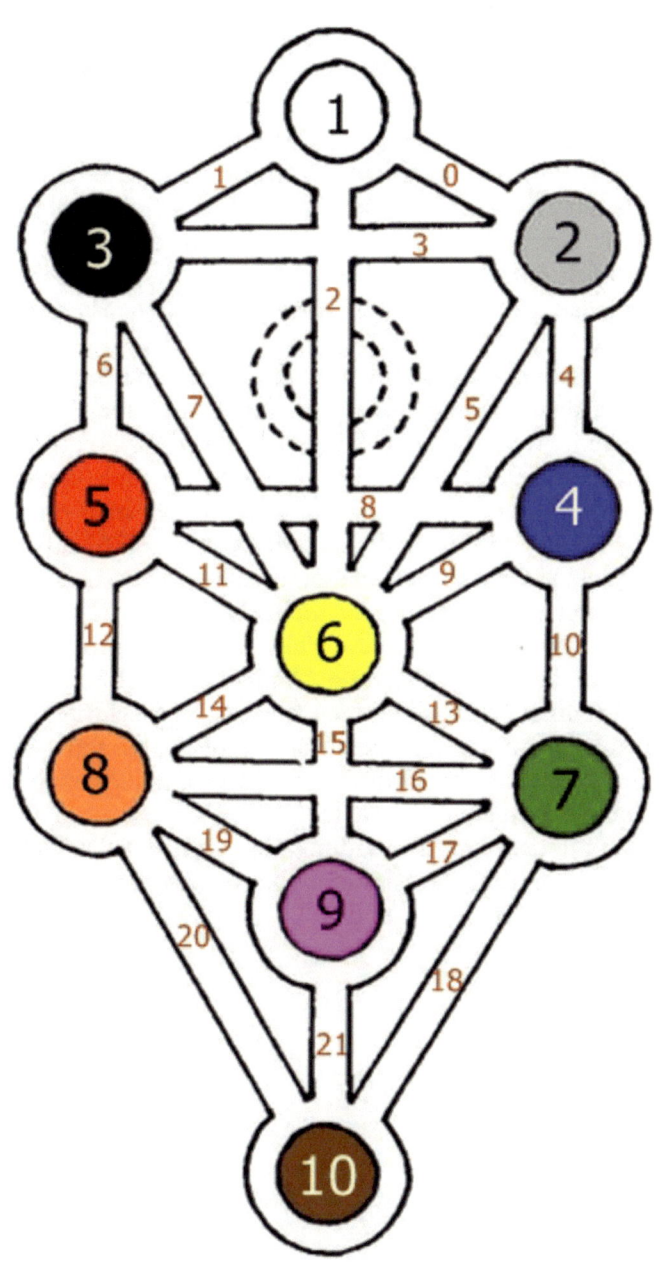

Die Qualitäten der Pfade ergeben sich aus den Qualitäten der Sephiroth, die sie verbinden. Sie werden im folgenden kurz dargestellt. In vielen Fällen passen die Pfad-Qualität und der Charakter der ihr entsprechenden Tarot-Karte recht gut zueinander.

Es gibt jedoch einen grundlegenden Unterschied, der wieder an dieser Zuordnung zweifeln läßt: Die Pfade sind von oben nach unten ein Konkretisierungsvorgang vom ersten Impuls bis hin zur Vollendung. Die 22 Großen Arcana beginnen zwar auch mit dem ersten Impuls, aber ihre Erdung ist eigentlich das Schicksalsrad, ab dem dann eine Rückkehr zum Ursprung und zur Harmonie einsetzt. Man kann die Großen Arcana allerdings auch insgesamt als eine Konkretisierung und Verwirklichung des Potentials ansehen, das schon im ersten Impuls liegt und das dann schließlich als „Welt" realisiert wird.

Ein weiterer Unterschied ist die Richtung der Pfade und der Großen Arcana: Die Pfade auf dem Lebensbaum sind der Weg von der Welt (unten, 10) zu Gott (oben, 1), während die Großen Arcana einen Weg von oben (Narr) nach unten (Welt) beschreiben. Aber auch dies ist wohl kein Merkmal, das eine Verwandtschaft beider Systeme ausschließen würde – dafür ist die Zeit, in der man nichts über die Entwicklung dieser Symbole weiß, zu groß (ca. 500 v.Chr. bis 1367 n.Chr.).

Es ist kaum möglich, sicher zu entscheiden, ob die Großen Arcana von den Lebensbaum-Pfaden abgeleitet worden sind oder nicht. Die Zahl „22" tritt derart selten als Symbol-Zahl auf, daß schon alleine diese Zahl für eine Verbindung beider Systeme spricht. Beide Systeme haben zudem große Ähnlichkeit, auch wenn sie nicht identisch sind. Schließlich muß man noch mit einigen Entwicklungsschritten auf dem Weg von der jüdischen Mystik bis zu dem Auftreten der Tarot-Karten um 1367 in Norditalien rechnen, sodaß der Ursprung der Großen Arcana in der jüdischen Mystik ziemlich wahrscheinlich, aber eben nicht völlig sicher ist.

Das folgende sind nur sehr kurze Zusammenfassungen der Qualitäten der Pfade, da eine ausführliche Schilderung den Rahmen dieses Buches sprengen würde (siehe mein „Blüten des Lebensbaumes I, II und III").

Große Arcana und Lebensbaum-Pfade

	Lebensbaum-Pfade		*Große Arcana*	
Pfad	*Bewegung*	*Qualität*	*Tarot-Karte*	*Qualität*
1=>2	Ursprung=>Expansion	erster Schritt, letzter Schritt	0. Narr	Unerfahrenheit, Weisheit
1=>3	Ursprung=>Festigung	erste Schöpfung	1. Magier	Initiative
1=>6	Ursprung=>Zentrierung	Individualisierung, Rückhalt	2. Hohepriesterin	Besinnunng, Rückhalt
2=>3	Expansion=>Festigung	Formung	3. Herrscherin	Förderung
2=>4	Expansion=>Entfaltung	Gestaltung	4. Herrscher	Herrschen
2=>6	Expansion=>Zentrierung	Stärkung	5. Hohepriester	Belehrung
3=>5	Festigung=>Umwandlung	Verwandlung	6. Liebende	Liebe
3=>6	Festigung=>Zentrierung	Halt geben	7. Siegeswagen	Erfolg
4=>5	Entfaltung=>Umwandlung	gelenkte Kraft	8. Stärke	Stärke von innen her
4=>6	Entfaltung=>Zentrierung	auf den Punkt bringen	9. Eremit	sich selber treu sein
4=>7	Entfaltung=>Strahlen	Orientierung	10. Schicksalsrad	Wandel
5=>6	Umwandlung=>Zentrierung	Entschluß	11. Gerechtigkeit	Urteil
5=>8	Umwandlung=>Strukturieren	Suche nach der richtigen Form	12. Hängender	Selbstheilung durch Hingabe
6=>7	Zentrierung=>Strahlen	Entfaltung	13. Tod	Ende
6=>8	Zentrierung=>Strukturieren	Ausformulierung	14. Mäßigkeit	das rechte Maß
6=>9	Zentrierung=>Assoziieren	bewußtes Lenken	15. Teufel	Verdrängtes
7=>8	Strahlen=>Strukturieren	Belebung	16. Turm	Scheitern
7=>9	Strahlen=>Assoziieren	Inspiration	17. Stern	Ideale, Hingabe
7=>10	Strahlen=>Erden	Kunst	18. Mond	Innenwelt
8=>9	Strukturieren=>Assoziieren	bewußtes Lenken	19. Sonne	inneres Kind
8=>10	Strukturieren=>Erden	Zivilisation	20. Auferstehung	Auferstehung
9=>10	Assoziieren=>Erden	Bewegung aller Dinge durch die Kräfte in der Welt	21. Welt	Lebenstanz

IV A 2. c)   Die astrologischen Zuordnungen

Diese Methode beruht darauf, daß man die 78 Karten fortlaufend den 12 Tierkreiszeichen und den 10 Planeten zuordnet. Diese von Mitgliedern des „Golden Dawn"-Ordens entwickelte Zuordnungen sind allerdings ausgesprochen lose und sind eher als Assoziationen zu werten.

Daß sie keine strenge Analogie sein können, zeigt sich schon daran, daß aus den 120 möglichen Kombinationen von Planeten und Tierkreiszeichen relativ willkürlich 78 Kombinationen ausgewählt worden sind.

Diese astrologischen Zuordnungen finden sich z.B. auf den von Aleister Crowley entworfenen Tarot-Karten.

IV B   Die 4·4 Hofkarten

Die Hofkarten stellen in den älteren Beschreibungen der Karten meistens konkrete Personen dar. In den neueren Tarot-Deutungen sind sie jedoch in der Regel wie die Zahlen-Karten Vorgänge und Zustände.

Die Deutung als Personen sieht in etwas wie folgt aus:

> König = älterer Mann,
> Königin = ältere Frau,
> Ritter = mittelalter Mann
>   (in manchen Systemen steht statt des Ritters eine Pagin o.ä., die eine junge Frau darstellt),
> Bube = junger Mann.

Die vier Elemente stellen den Charakter dieser vier Vierergruppen dar:

> Stab/Feuer/Kreuz und Schwert/Luft/Pik sind dunkelhaarig,
> die beiden anderen blond.
>
> Kreuz ist freundlich gesonnen,
> Pik feindlich;
>
> Kelch/Wasser/Herz ist herzlich und emotional;
> Münzen/Erde/Karo ist reich.

Der Charakter der vier „Farben"	
Stab/Feuer/Kreuz - dunkelhaarig - freundlich	Schwert/Luft/Pik - dunkelhaarig - feindlich
Kelch/Wasser/Herz - blond - emotional	Münze/Erde/Karo - blond - reich

Diese Deutungsmöglichkeit ist im folgenden jedoch nicht eingehender berücksichtig worden und wird nur kurz am Ende der Beschreibungen erwähnt.

IV B 1. Die vier Elemente

Die vier Elemente werden im folgenden jeweils zu Beginn einer der vier Gruppen der Hof-Karten beschrieben. Bei den vier Assen der Zahlen-Karten findet sich dann noch eine ausführlichere Darstellung dieser vier Elemente.

Wenn ein Ratsuchender zu einer Wahrsagerin kommt, hat er in der Regel folgendes Anliegen: "Ich will etwas über Geld, Liebe und Gesundheit wissen."

Das Geld ist die Element Erde: Münzen;
die Liebe ist das Element Wasser: Kelche;
die Gesundheit ist das Element Feuer: Stäbe;
und das Wissen-Wollen ist das Element Luft: Schwerter.

IV B 2. Die 4 Stab-Hofkarten

Die Stäbe sind das Symbol des Feuers, der Kraft, der Taten, der Lebendigkeit, der Sexualität und der Freude am Kampf und dem Erschaffen von Dingen.

Diese Grundqualität wird durch die vier Stab-Hofkarten in vier verschiedenen Zuständen dargestellt.

IV B 2. a) Stab-König

Der König hat ein Konzept, eine Ordnung und ein System. Er hat folglich einen Plan, was er erschaffen und erreichen will, wie er dies tun will und wer dabei welche Aufgaben zu erfüllen hat. Er ist ein Unternehmen und ein Anführer und ein Lenker. Wenn man ihm Widerstand leistet, wird er wütend und kämpferisch und er neigt dazu, solchen Widerstand persönlich zu nehmen.

Wenn diese Karte auf dem Kopf liegt, ist möglicherweise das den eigenen Taten zugrundeliegende Konzept einseitig oder auf eine Weise nicht ausgereift. Vielleicht sieht man auch jede Bestrebung eines anderen Menschen, die nicht zu den eigenen Zielen paßt, als einen persönlichen Angriff an. Möglicherweise ist man jedoch auch einfach antriebslos. Der Stab-König könnte sich auch in eine realitätsferne Vorstellung verrannt haben und verbissen ein unsinniges Ziel verfolgen.

Wenn eine Karte falsch herum liegt, kann man nur sagen, daß die Qualität, die sie repräsentiert, nicht funktioniert, aber man weiß zunächst einmal nicht, in welcher Form die Störung vorliegt. Dies ergibt sich erst durch die Position der Karte, die Fragestellung und die übrigen Karten.

Dasm was bei einer Störung des Stab-Königs gebraucht wird, ist die Besinnung auf die ursprünglichen Ziele, ein Überprüfen der bisherigen Ansätze, um sie zu erreichen, und gegeben falls eine Umformung der bisherigen Strategie.

(ein freundlicher, schwarzhaariger, älterer Mann)

IV B 2. b) Stab-Königin

Die Stab-Königin hat im Gegensatz zu dem Stab-König keinen Plan, sondern einen intuitiven Ansatz. Sie schaut auf die Situation und auf die Möglichkeiten, die sich bieten und sie wechselt des öfteren ihre Vorgehensweise. Dadurch ist sie jedoch keinesfalls weniger effektiv als der Stab-König – das Vorgehen der beiden ist nur grundlegend verschieden: eben „typisch Mann" und „typisch Frau".

Das bedeutet jedoch keineswegs, daß es nicht auch Männer gibt, die intuitiv vorgehen oder daß es keine Frauen gibt, die sich an ihren Plänen orientieren. Das „Typische" ist eben nur der Durchschnittswert – und eignet sich genau deshalb auch zur Beschreibung und Illustrierung dieser beiden unterschiedlichen Ansätze.

Falls das Orakel die Schattenseite dieser Karte als Antwort auf eine Frage wählt, ist die Intuition des Betreffenden gestört. Vielleicht kann er oder sie seine Intuition nicht von seinen Ängsten oder Süchten unterscheiden – oder die Wahrnehmung der vielen Impulse der anderen Menschen verwirrt den Betreffenden oder schüchtert ihn ein. Möglicherweise fehlt auch einfach das Vertrauen in die eigene Intuition.

Auf jeden Fall ist in einer solchen Situation alles hilfreich, was das Vertrauen in sich selber und in die Welt fördert, da die Intuition zum einen eine innere Gelassenheit benötigt und zum anderen einen Offenheit für die Welt braucht. Die Intuition benötigt die Selbstgewißheit, die es ermöglicht, die eigenen Grenzen zu öffnen, ohne sich selber zu verlieren.

(eine freundliche, schwarzhaarige, ältere Frau)

IV B 2. c)   Stab-Ritter

Der Stab-Ritter ist „Feuer in Aktion". Hier wird etwas getan, durchgeführt, bewegt, erschaffen. Hier ist die eigentliche Tat, die beim Feuer-Element schon mal etwas nachdrücklich und stürmisch ausfallen kann: ein mutiger Unternehmer, ein Eroberer, ein feuriger Liebhaber, ein frecher Kämpfer, ein Sportler …

Falls diese Karte auf dem Kopf stehen sollte, fehlt mit einiger Wahrscheinlichkeit ein bißchen Elan – im Extremfall wäre dies die Apathie. Es ist allerdings auch Hyperaktivität und kopfloser Aktionismus denkbar.
Das was in diesen Fällen gebraucht wird, sind Klarheit über die eigenen Ziele sowie Vertrauen in die eigenen Fähigkeiten und in die Welt.

(ein freundlicher, schwarzhaariger, mittelalter Mann)

IV B 2. d) Stab-Bube

Der Stab-Bube, der auch Stab-Knappe oder Stab-Bauer genannt wird, repräsentiert Neuanfänge, neue Impulse, das Entdecken neuer Wege und Möglichkeiten. Daher weist er oft auf Veränderungen und anstehende Entschlüsse und Gründungen hin.

Wenn der Stab-Bube auf dem Kopf stehen sollte, wird der Betreffende entweder von neuen Impulsen überschwemmt oder er stagniert uneffektiv im Alten.
In beiden Fällen muß man zu sich selber als der Quelle der eigenen Ziele und Taten zurückfinden und zum anderen die Augen für die Gegebenheiten in den Bereichen, in denen man etwas erreichen will, öffnen.

(ein freundlicher, schwarzhaariger, junger Mann)

IV B 3.   Die 4 Kelch-Hofkarten

Die Kelche sind das Symbol des Wassers und der Gefühle, der Anteilnahme, der Liebe und der Visionen, also der inneren Bilder.

Diese Grundqualität wird durch die vier Kelch-Hofkarten in vier verschiedenen Zuständen dargestellt.

IV B 2. a)   Kelch-König

Der Kelch-König repräsentiert wieder die „typisch männliche" Einstellung gegenüber den Gefühlen. Er schaut sich an, welche Gefühle es in ihm gibt, er beschreibt sie mit Worten, er analysiert sie und stellt sie in ein System und er handelt entsprechend dem aus diesen Analysen abgeleiteten Konzept – so, wie man seiner Meinung nach mit den eigenen Gefühlen umgehen sollte.

Im Idealfall ist das Gefühls-Konzept des Kelch-Königs sowohl umfassend als auch freilassend wie z.B. die Jung'sche Psychologie oder wie die Mandalas der tibetischen Buddhisten – dann hat der Kelch-König in seiner Systematik der Gefühle ein Hilfsmittel, um zu begreifen, was in ihm und in anderen Menschen vor sich geht und kann sich selber und auch anderen gut raten, was bei einem konkreten Gefühl ein sinnvolles Verhalten ist.

Sollte diese Karte jedoch auf dem Kopf stehen, weist das Orakel auf eine Situation hin, in der ein Mensch entweder verwirrt ist oder zu harte Kategorien und Urteile über die Gefühle hat. Im ersten Fall hat sich das Konzept aufgelöst und im zweiten Fall ist es hart geworden – in beiden Fällen konnte ein Erlebnis bzw. ein Gefühl nicht integriert werden, was zu der Funktionsunfähigkeit des Systems geführt hat.

Die einzige Möglichkeit, das Gefühls-Konzept und somit auch die Psyche des Betreffenden wieder zu heilen, ist die Annäherung an das Erlebnis, daß diese Störung hervorgerufen hat. Wenn man die Existenz dieses Erlebnisses akzeptieren kann, seine Existenzberechtigung annimmt und dann freundlich auf die betreffenden Gefühle zugehen kann, ohne von ihnen überschwemmt zu werden, können sie nach einer Weile auch wieder integriert werden. Durch diese Gefühls-Integration wird sich auch das Gefühls-Konzept selber heilen und wieder zu einem flexiblen und nützlichen Hilfsmittel werden.

(ein emotionaler, blonder, älterer Mann)

IV B 2. b)   Kelch-Königin

Die Kelch-Königin hat eine eher intuitive Einstellung zu den Gefühlen. Sie schaut, was gerade geschieht und was sich richtig anfühlt – das können in zwei gleichen Situationen durchaus zwei verschiedene Dinge sein. Das Verhalten einer Kelch-Königin ist im Gegensatz zu dem Verhalten eines Kelch-Königs also nicht vorhersehbar – außer daß die Kelch-Königin ihrem Herzen folgen wird.

Die Kelch-Königin wird eher von Empathie, Mitgefühl und Visionen geleitet als von Konzepten und allgemeingültigen Erkenntnissen. Sie interessiert sich nicht sehr für die Theorie der Trauer, sondern für den trauernden Menschen vor ihr.

Sollte diese Karte auf dem Kopf stehen, ist die Intuition beeinträchtigt. Dies kann in einem Versiegen der inneren Bilder und der Gefühle allgemein bestehen, aber auch in einer Überfülle von verwirrenden Bildern und widersprüchlichen Empfindungen.

Diese Verwirrung oder Leere läßt sich am ehesten heilen, indem man die Stille aufsucht, in sich hineinlauscht, seinen eigenen Körper spürt und wieder die Stimme im eigenen Herzen hört, aus dem das Gespür dafür, was sinnvoll ist und was nicht, kommt.

(eine emotionale, blonde, ältere Frau)

IV B 2. c)   Kelch-Ritter

Der Kelch-Ritter ist der Ausdruck der eigenen Gefühle und die Treue zu den eigenen Visionen.

Diese Karte weist im Orakel daraufhin, daß es förderlich ist, zu zeigen, was man fühlt, seine Liebe mitzuteilen, seine Trauer fließen zu lassen, vor Freude zu tanzen …

Sie weist manchmal auch auf die Notwendigkeit einer Lebens-Vision hin, die oftmals mit dem Erkennen der eigenen Seele und dem eigenen Krafttier identisch ist.

Wenn in einem Orakel durch die Umkehrung dieser Karte eine Störung angezeigt wird, ist das Leben des Betreffenden entweder aus Mangel an Visionen zu flach oder aufgrund von zuvielen „unverdauten" inneren Bildern in Verwirrung geraten. Der Betreffende fühlt dann entweder kaum noch etwas oder er wird von seinen Gefühlen überschwemmt.

Die passendste Hilfe wäre in diesem Fall eine Traumreise zur eigenen Mitte oder eine andere Form der Visionssuche, durch die die eigenen Seele und das eigene Krafttier erkannt werden kann. Durch dieses Erlebnis werden der eigene Charakter, der eigene Stil und daher auch die eigenen Wünsche wieder bewußt und können zu Gefühlen mit tiefen Wurzeln werden, die dann mit Flexibilität bezüglich der eingeschlagenen Wege erfüllt werden können.

(ein emotionaler, blonder, mittelalter Mann)

IV B 2. d)   Kelch-Bube

Der Kelch-Bube stellt neue Gefühlsregungen dar. Möglicherweise verliebt man sich oder man entdeckt in sich lang verschüttete Bedürfnisse neu, vielleicht erfreut man sich an einer unbekannten Landschaft oder an einem Musikinstrument, das man gerade erlernt. Der Kelch-Bube bringt Frische und Frühling in die eigenen Gefühle.

Wenn diese Karte auf dem Kopf steht, fehlt genau diese Gefühls-Frische … man ist entweder ein bißchen „Gefühls-trocken" oder man wird von zuvielen neuen Gefühlen überflutet – in dem einen Fall ist man von der Welt abgetrennt und im anderen Fall ist man gegenüber der Welt ungeschützt offen.
 Die Lösung liegt daher in der Wiederherstellung einer flexiblen Grenze zur Welt, die die von außen nahenden Impulse erkennen und entweder einlassen oder fernhalten kann, sodaß das Innere intakt bleibt. Der wesentliche Punkt dabei ist natürlich die Selbstliebe, die ein Ausdruck der Selbstgewißheit ist und die eigene Grenze ohne Mühe und zusätzliche Regulierung intakt hält.

(ein emotionaler, blonder, junger Mann)

IV B 4.　Die 4 Schwert-Hofkarten

Die Schwerter symbolisieren allgemein das Element Luft und im Menschen das Denken, die Wahrheit, die Aufrichtigkeit, die Bewegung und auch den Streit, der sich oft aus den verschiedenen Meinungen und Absichten ergibt.

Diese Grundqualität wird durch die vier Schwert-Hofkarten in vier verschiedenen Zuständen dargestellt.

IV B 2. a)　Schwert-König

Der Schwert-König hat gut durchdachte und fundierte Ansichten über sich und die Welt. Der „Luft-König" hat daher Züge eines Professors oder eines Richters – allerdings sagen die Tarot-Karten nichts über das Niveau seiner Ansichten aus. Das Grundprinzip dieser Karte ist die feste Meinung, die als richtig angesehen wird.

Der Unterschied zwischen der Lichtseite und der Schattenseite dieser Karte liegt vor allem in zwei Punkten begründet: Sind die Ansichten des Schwert-Königs gut fundiert? Ist sich der Schwert-König darüber bewußt, daß seine Erkenntnisse zunächst einmal nur für seine eigene Erfahrungen gelten (auch wenn diese oft mit denen der anderen übereinstimmen)?

Wenn beide Erkenntnisse in ausreichendem Maße vorhanden sind, wird diese Karte richtig herum stehen und der Schwert-König weise und tolerant sein und zudem auch zuhören und sich in die Weltsicht eines anderen hineindenken können. Mangelt es jedoch an dieser Erkenntnis, wird diese Karte falsch herum stehen und der Schwert-König realitätsferne und intolerante Ansichten haben. Diese Störungen können von einer allgemeinen Sturheit bis hin zur „Heiligen Inquisition" reichen, die Andersdenkende vernichtet.

Die wesentliche Erkenntnis zur Heilung der Schattenseite dieser Karte ist die Einsicht, daß die eigenen Ansichten auf der eigenen Biographie und dem eigenen Charakter beruhen. Andere Menschen haben andere Erlebnisse gehabt und haben andere Vorlieben, mit bestimmten Situationen um zugehen.

Bei dieser Heilung kann auch die Erkenntnis helfen, daß sich Menschen nicht durch äußeren Zwang weiterentwickeln und heil werden, sondern dadurch, daß man ihnen Raum gibt, und, wenn sie es möchten, auch Halt.

Der heile Schwert-König achtet die Freiheit eines jeden Menschen und auch alle abweichenden Meinungen und Bestrebungen, aber er steht auch zu seiner eigenen Meinung und schützt seinen eigenen Bereich.

Auch wenn eine Ansicht noch so gut begründet ist und doch „offensichtlich richtig" ist, hilft es niemandem, wenn man ihn dazu zwingt, sich entsprechend dieser Meinung zu verhalten.

(ein feindlicher, schwarzhaariger, älterer Mann)

IV B 2. b)   Schwert-Königin

Die Schwert-Königin hat keine feste Meinung über die Welt, sondern eine spontane Ansicht über die Situation, in der sie sich befindet. Sie hat durchaus auch Weitblick, da sie bestimmte innere Werte hat, denen sie treu ist, aber man sollte nicht erwarten, daß sie in einer Situation, die sich in ähnlicher Weise mehrfach wiederholt, immer derselben Ansicht ist.

Für die „Luft-Königin" ist jede Situation neu und anderes als alle früheren Situationen, weshalb sie mit einer gewissen Spontanität auf die Situation reagiert und evtl. auch einfach einmal andere Worte und Einstellungen ausprobiert.

Aufgrund dieser weitgehenden weltanschaulichen Ungebundenheit kann sie in der Regel besser zuhören als der Schwert-König, der eher der gute Redner ist. Es fällt ihr auch leichter, sich in fremde Ansichten hineinzudenken und sie zu erfassen.

Wenn diese Karte auf dem Kopf steht, mangelt es entweder an der Intuition und Spontanität, wodurch dann feste Meinungen entstehen, die meist auf Ängsten aufbauen, oder es mangelt an der Anbindung an die inneren Werte und an die eigene Mitte, wodurch alle Worte und Ansichten etwas Beliebiges erhalten und nicht mehr bei der Orientierung in der Welt helfen können.

Auch ist es wieder am förderlichsten, sich der eigenen Mitte bewußt zu werden, die eigenen Erfahrungen zu betrachten und sich über die eigenen Wünsche klar zu werden, da das Denken stets nur eine Hilfsfunktion ist, die die Erfüllung der eigenen Wünsche unterstützt.

(eine feindliche, schwarzhaarige, ältere Frau)

IV B 2. c)   Schwert-Ritter

Diese Karte symbolisiert das Denken an sich und zudem auch die Raschheit und die schnelle Bewegung.

Es macht bei dieser Karte einen großen Unterschied, wie herum sie im Orakel liegt. Steht sie richtig herum, stellt sie die Schnelligkeit der Auffassungsgabe und der Reaktion dar; steht sie jedoch falsch herum, symbolisiert sie entweder einen Mangel an Gründlichkeit sowie Hektik und Übereiligkeit oder eine geistige Trägheit, die zu einem Mangel an eigener Meinung oder zu schlecht fundierten Ansichten führt.

Die Schattenseiten des Schwert-Ritters sind zum einen der Übereifer, die Propaganda ... Josef Göbbels – und zum anderen die Sprachlosigkeit, das Eingeschüchtertsein, die Isolation ... Kaspar Hauser.

Im ersten Fall hat das Denken die Rolle des „Feuerwehrmannes" übernommen, der überall Bedrohungen sieht und zu retten versucht, was zu retten ist. Hier wird Gelassenheit gebraucht, die dadurch erreicht werden kann, daß man sich seine Ängste, die dies Bedrohungsszenario entstehen lassen, anschaut und heilt.

Im zweiten Fall liegt meistens eher ein Mangel an Antrieb, d.h. eine mehr oder weniger starke Resignation vor. Daher besteht der Heilungsansatz in dem zweiten Fall darin, sich die Situationen anzuschauen, die zu dieser Resignation geführt haben.

(ein feindlicher, schwarzhaariger, mittelalter Mann)

IV B 2. d)   Schwert-Bube

Der Schwert-Bube weist auf neue Gedanken, andere Meinungen, Wechsel der Perspektive, neue Erlebnisse u.ä. hin. Er bringt frischen Wind ins Leben.

Der springende Punkt ist hier wieder die Frage, ob der Betreffende aus seinem Herzen heraus lebt und einen lebendigen Kontakt zu seiner eigenen Mitte hat oder nicht.

Wenn diese Anbindung an das eigene Zentrum vorhanden ist, wird man alles Neue als das erkennen können, was es ist, und auch ausreichend genau einschätzen können, ob man es in das eigene Leben aufnehmen will oder nicht.

Sollte die Anbindung an das eigene Zentrum nur schwach ausgebildet sein, wird man entweder alles Neue ablehnen oder es ungefragt annehmen – hier fehlt das selbständige Urteil über die Dinge, die einem begegnen.

Die Besinnung auf sich selber ist auch hier das Mittel, das die Schwierigkeiten am effektivsten heilen kann.

(ein feindlicher, schwarzhaariger, junger Mann)

IV B 5.   Die 4 Münz-Hofkarten

Die Münzen repräsentieren das Element Erde und somit das Feste, die Beständigkeit und das Gedeihen und natürlich auch Geld und Besitz.

Diese Grundqualität wird durch die vier Münz-Hofkarten in vier verschiedenen Zuständen dargestellt.

IV B 2. a)   Münz-König

Der Münz-König strebt nach Wohlstand und nach der Erhaltung dieses Wohlstandes. Er ist jemand, der den Besitz und die Üppigkeit schätzt: ein eigenes Haus, ein gut gefülltes Bankkonto, gutes Essen, wertvolle Möbel, gute Kleidung …

Dies bedeutet keineswegs, daß der Münz-König oberflächlich ist, sondern nur, daß er alles, was ihm wichtig ist, auch in eine konkrete materielle Form bringen will. Er besitzt daher auch das Talent, Besitz anzuhäufen.

Wenn diese Karte falsch herum liegt, entstehen Gier und Existenzangst; wenn sie richtig herum liegt, ist der Betreffende vielleicht ein guter Bankier. Falsch herum weist diese Karte auf Armut hin, richtig herum auf Reichtum.

Ein zweiter Aspekt ist das Gedeihen: Steht die Karte richtig herum, ist der Betreffende in der Lage, das Potential in einer Situation zu erkennen und es auch zu nutzen – zu seinem eigenen Vorteil und zu dem seiner Verwandten und Freunde. Steht die Karte jedoch auf dem Kopf, kann der Betreffende die Chancen und Möglichkeiten nicht erkennen oder er wagt sie nicht zu ergreifen oder empfindet sich selber als sich dieser Möglichkeiten nicht wert usw.

Die Wurzel der Heilung ist bei dieser Karte das Selbstwertgefühl, das aus der Selbstliebe heraus entsteht. Wenn das eigene Innere durch das Leuchten des eigenen Herzens mit einer Fülle von Licht erfüllt ist, kann man auch die äußere Fülle annehmen und in das eigene Leben einladen.

(ein reicher, blonder, älterer Mann)

IV B 2. b)   Münz-Königin

Die Münz-Königin ist kein Bankier; sie hat nicht allzuviel für den abstrakten Besitz des Finanzbereiches übrig, den sie dem Münz-König überläßt. Sie ist eher eine

Gärtnerin, die schaut, wie eine Situation aussieht und was dort gerade gebraucht wird und förderlich ist.

Das bedeutet keineswegs, daß die Münz-Königin dem Münz-König untergeordnet wäre – die beiden kümmern sich lediglich um zwei verschiedene Aspekte, die beide zu einer erfolgreichen Unternehmung gehören.

Der Münz-König plant und gestaltet den großen Rahmen, die großen Projekte und er geht nach einem festen Konzept vor; die Münz-Königin organisiert den Augenblick, dessen Qualität sie intuitiv erfaßt.

Steht diese Karte richtig herum, ist dies ein Hinweis darauf, daß gerade alles wächst und gedeiht und daß die Person, auf die sich diese Karte bezieht, gerade einen „grünen Daumen" für die in Frage stehende Angelegenheit hat.

Wenn diese Karte jedoch auf dem Kopf steht, mangelt es entweder an Offenheit für die Situation oder man fühlt sich von der Vielzahl der Eindrücke und Nöte überschwemmt. Dann kommt es entweder zu einem Aktionismus, dem jedoch der Realitätsbezug fehlt, oder zu einer Lethargie, die sich um nichts mehr kümmert.

(eine reiche, blonde, ältere Frau)

IV B 2. c)   Münz-Ritter

Der Münz-Ritter ist gewissermaßen ein Bauer: Man geht langsam und bedächtig vor und orientiert sich an dem, wie man es schon immer gemacht hat. Man ist auf Sicherheit und Beständigkeit bedacht und läßt sich nur nach eingehender Prüfung auf Neues ein.

Diese Karte sichert das Gedeihen dadurch, daß die bewährten Methoden angewandt werden und man seine Aufmerksamkeit auf die wichtigen Dinge und auf die sicheren Wege richtet.

Falls diese Karte auf dem Kopf stehen sollte, besteht die Gefahr einer Sturheit, die nicht sieht, daß es Erleichterungen und Vereinfachungen gibt, was letztlich zu einem Absinken der Effektivität des eigenen Handelns führt.

Eine andere Schwierigkeit könnte durch einen Mangel an Beständigkeit entstehen, der darin begründet liegt, daß man die alten Methoden nicht wertschätzt, nachlässig oder resigniert ist oder sich auch ganz einfach auf seinem Wohlstand ausruht, ohne sich darum zu kümmern, ihn zu erhalten. Schließlich wäre auch noch eine Existenzangst denkbar, die zu einem rastlosen Arbeiten führt, das keine Zeit mehr für das Genießen läßt.

Hier hilft nur, sich der eigenen Ziele und der eigenen Situation bewußt zu werden und zu schauen, was sinnvoll ist. Falls Ängste oder Resignation die Gründe für die Schwierigkeiten sein sollten, auf die durch die umgedrehte Karte hingewiesen wird, ist die Begegnung mit diesen Gefühlen und ihre Heilung notwendig.

(ein reicher, blonder, mittelalter Mann)

IV B 2. d) Münz-Bube

Der Münz-Bube ist das Erkennen neuer Möglichkeiten, die hier entsprechend dem Element Erde aus sehr materiellen Dingen bestehen: eine Erbschaft, ein Geschenk, der Erwerb eines Gartens oder die Anwendung einer neuen Arbeitsmethode. Der Münz-Bube zeigt neue Möglichkeiten, zu Wohlstand und Genießen zu kommen. Er gibt Anregungen zu Veränderungen und zu neuen Verhaltensweisen.

Steht diese Karte richtig herum, dann werden neue Vorgehensweisen empfohlen oder die neuen Ansätze werden als konstruktiv angesehen.
Sollte diese Karte jedoch falsch herum stehen, gibt es ein Problem mit diesen Innovationen: Entweder stürzt man sich kopflos in neue Projekte und Vorgehensweisen oder man beharrt zu sehr auf dem Althergebrachten.
In einer solchen Situation ist es hilfreich, sich auf das zu besinnen, was man wirklich erreichen will und dann zu schauen, was der effektivste Weg dorthin ist.

(ein reicher, blonder, junger Mann)

IV B 6. Systematiken

Zu den Hofkarten sind im Laufe des letzten Jahrhunderts drei Zuordnungen entwickelt worden.

IV B 6. a) Das „Tau-Kreuz"

Zu den Hofkarten gibt es eine lose Zuordnung zu den Sephiroth (Bereichen) auf dem Lebensbaum, die aber nicht sehr überzeugend ist.

Wenn man den König als das Männer-Urbild und die Königin als das Frauen-Urbild auffaßt, kann man sie den beiden Sephiroth Chokmah und Binah zuordnen, da diese beiden Mann und Frau repräsentieren. Die Zuordnung der Ritter zu den Tiphareth, die die Seele darstellt, und der Buben zu Malkuth, das die materielle Welt verkörpert, ergibt hingegen nicht viel Sinn.

Der Hauptgrund für diese Zuordnung ist vermutlich, daß sich graphisch gesehen aus ihr auf dem Lebensbaum-Diagramm der hebräische Buchstabe „Tau", der die Form eines „T" hat, ergibt und dieser im hebräischen Alphabet der letzte Buchstabe ist und daher wie das griechische Omega die Bedeutung „Vollendung" hat.

Diese Zuordnung hat daher keine praktische Funktion beim Verstehen der Tarot-Karten oder bei der Deutung der Orakel.

IV B 6. b) Tierkreis

12 der 16 Hofkarten lassen sich in etwas den Tierkreiszeichen zuordnen. Die vier Elemente der Hofkarten entsprechen den vier Elementen des Tierkreises:

> Die erschaffenden/kardinalen Tierkreiszeichen sind den Königen zugeordnet,
> die vier gestaltenden (fixen) Tierkreiszeichen den Königinnen und
> die vier beweglichen Tierkreiszeichen den Buben
> – die Ritter gehen leer aus …

Diese Zuordnung ist keine präzise Analogie, sondern eher eine Ähnlichkeit oder Verwandtschaft.

Wenn man möchte, kann man diese 12 Zuordnungen benutzen, um die durch die Hofkarten dargestellten Personen besser charakterisieren zu können – aber andererseits ist diese Zuordnung auch eine Einschränkung, da dann z.B. alle reichen, älteren Männer Steinböcke sein müßten.

Es scheint daher am sinnvollsten zu sein, diese Zuordnungen nur als lose Assoziationen zu benutzen.

Die Hofkarten und der Tierkreis				
	Feuer *= Stab*	*Wasser* *= Kelch*	*Luft* *= Schwert*	*Erde* *= Münze*
erschaffende, kardinale Tierkreiszeichen	Stab-König *Widder*	Kelch-König *Krebs*	Schwert-König *Waage*	Münz-König *Steinbock*
gestaltende, fixe Tierkreiszeichen	Stab-Königin *Löwe*	Kelch-Königin *Skorpion*	Schwert-Königin *Wassermann*	Münz-Königin *Stier*
-	Stab-Ritter -	Kelch-Ritter -	Schwert-Ritter -	Münz-Ritter -
bewegliche Tierkreiszeichen	Stab-Bube *Schütze*	Kelch-Bube *Fische*	Schwert-Bube *Zwillinge*	Münz-Bube *Jungfrau*

<u>IV B 6. c)   Urbilder</u>

Es lassen sich zu den Hofkarten allerlei Archetypen zusammenstellen, die evtl. das Verständnis dieser Karten erleichtern. Es ist natürlich am sinnvollsten, diese Liste selber mit einigen realen oder fiktiven Personen zu ergänzen, die man selber markant und passend findet.

Hofkarten-Archetypen				
	Stab	*Kelch*	*Schwert*	*Münze*
König	Artus, Eroberer, Manager	Professor Slughorn (Harry Potter)	Forscher, Einstein, Bill Gates, Entdecker, Kolumbus	Kaufmann, Rothschild
Königin	Ginevra	Isolde	Marie Curie	Kanzlerin Merkel
Ritter	Parzifal	Lohengrin, Tristan	Lancelot, Dichter	Börsen-Spekulant
Bube	Fußballer	Maler	Schriftsteller	Handwerker

IV C   Die 4·10 Kleinen Arcana

Die „Kleinen Arcana", also die „Kleinen Geheimnisse" umfassen 40 Karten: Jedes der vier Elemente erscheint in 10 verschiedenen Situationen oder Ausprägungen.

IV C 1.   Die 10 Stab-Zahlenkarten

Die zehn Stabkarten haben wie die Stab-Hofkarten das „Feuer" zum Thema. Sie beschreiben daher verschiedene Situationen, Zustände, Handlungen, Ziele und Probleme, die mit der Kraft zu tun haben.

IV C 1. a)   Das As der Stäbe

Das As, also die „1" der Stäbe, ist das Feuer an sich: Kraft, Expansion, Selbstausdruck, Begeisterungsfähigkeit, Tanz, Sexualität, Gesundheit, Lebenskraft, Kampf, Sport, Bewegungsdrang, Körperwärme, Kundalini usw.

Diese Karte weist darauf hin, daß es bei der Position, auf der sie liegt, um Tatkraft in jeder Form geht. Im Allgemeinen wird sie vorhanden sein oder demnächst anwachsen – es kann aber auch sein, daß ein Person oder ein Thema gerade auf Kraft ausgerichtet ist oder daß Kraft das ist, was diese Person oder dieses Thema im Augenblick am meisten fördern könnte.

Wenn das Stab-As auf dem Kopf liegt, „funktioniert" die Kraft nicht: Sie wird entweder rücksichtslos eingesetzt oder sie fehlt oder sie ist auf die falschen Ziele ausgerichtet oder es fehlt Sachkenntnis oder etwas anders, sodaß sie keine Früchte tragen kann.

Was hier gebraucht wird, ist die Besinnung auf die eigene Kraft: sich bewegen, Sport treiben, Yoga üben, die Sexualität genießen, tanzen ... eben alles tun, um die eigene Kraft wieder zu spüren.

IV C 1. a) Die „2" der Stäbe

Die Stab-2 verkörpert die Expansion, den Aufbruch, den Beginn einer Unternehmung, die Gründung eines Unternehmens oder eines Vereins oder irgendeines Projektes. Man blickt in die Zukunft, hat seine Ziele und Visionen im Blick und setzt seine Kraft dafür ein, diese Ziele auch zu erreichen und die eigenen Visionen Wirklichkeit werden zu lassen.

Wenn die Stab-2 auf dem Kopf steht, stimmt etwas mit diesem Aufbruch nicht ganz: Entweder fehlt der Elan und man ist apathisch oder man übernimmt sich oder man steckt seine ganze Kraft in eine Projekt, zu dem man sich hat überreden lassen und das gar nicht das eigenen Herzensanliegen ist.
An dieser Stelle hilft die Besinnung auf das, wozu man sich wirklich berufen fühlt, was wirklich Freude macht, was man wirklich erreichen will.

IV C 1. a) Die „3" der Stäbe

Die Stab-3 symbolisiert die Phase, die auf die erfolgreiche Stab-2 folgt: Ein Projekt oder eine Unternehmung ist bereits in Gang gebracht worden, man hat schon die ersten Etappenziele erreicht und nutzt nun die eigene Kraft und den eigenen Einfluß, um die Angelegenheit weiter wachsen zu lassen. Das Projekt ist schon weit gediehen, das Unternehmen ist schon weitgehend etabliert und ein großer Teil der Wanderung zu dem großen Ziel ist schon zurückgelegt worden.

Wenn die Stab-3 auf dem Kopf steht, ist das Projekt ins Wanken geraten, hat man eine falsche Abzweigung genommen oder hat die Entwicklungen in der Welt ringsum nicht genügend beachtet.
Das Projekt muß nicht notwendigerweise komplett gescheitert sein, aber es besteht die Notwendigkeit, die eigenen Situation zu betrachten, sich evtl. eine Pause zu gönnen, die eigenen Ziele noch einmal zu überdenken oder vielleicht neue Mitstreiter zu suchen, um das eigene Schiff wieder ins richtige Fahrwasser zu bekommen.

IV C 1. a) Die „4" der Stäbe

Wenn man aus der Fülle der eigenen Kraft (Stab-1) heraus ein Projekt gegründet hat (Stab-2) und es eine Zeitlang die Ziele dieses Projektes verfolgt hat (Stab-3), entsteht irgendwann ein Stabilisierung dessen, was man erschaffen hat (Stab-4).

Das Projekt beginnt sich selber zu tragen, es entwickelt eine Eigendynamik, andere Menschen werden mit einbezogen, es findet Anklang usw. … Dann entsteht ein Überschuß, neue Kraft, neues Potential, Gewinn, Freude – ein Grund zum Feiern. Letztlich ist jedes Projekt das Bestreben, etwas zu erschaffen, was man genießen kann – und dieses Genießen der Früchte des eigenen Handelns wird durch die Stab-4 symbolisiert.

Falls diese Karte „falschherum" liegen sollte, konnten trotz großer Anstrengungen noch keine Früchte geerntet werden. Vielleicht hat auch der Atem nicht für die sehr hoch gesteckten Ziele gereicht. Auf jeden Fall ist man nicht dorthin gekommen, wo man eigentlich hinwollte. Daher entstehen anstelle von Freude Frustration, Stress und im Extremfall Depressionen.

Auch hier ist die Betrachtung der eigenen Situation notwendig: Warum tragen meine Taten keine Früchte? Warum bin ich so erschöpft? Warum arbeite ich derart verbissen? Wenn man dies dann erkannt hat, ist wahrscheinlich eine Korrektur der eigenen Ziele und auch des eigenen Vorgehens sinnvoll und notwendig.

IV C 1. a)   Die „5" der Stäbe

Die Stab-5 ist einfach zu erklären: Streit. Sie ist der Konkurrenzdruck, aber auch interne Streitigkeiten – jeder verfolgt seine eigenen Ziele. Manchmal passen mehrere Ziele gut zusammen und es bilden sich Parteien, aber meistens gibt es doch auch entgegengesetzte Absichten, die zu jeder Art von Streit führen: vom fairen Wettbewerb bis hin zum Vernichtungskampf.

Dieser Kampf ist ein Teil des Lebens und sorgt für die ständige Überprüfung der angewandten Methoden, für den Vergleich der Effektivität von verschiedenen Verfahren und dadurch zu einer ständigen Verbesserung der Vorgehensweise.

Schwierig wird dieser „faire Streit" erst dann, wenn er sich mit Ängsten, Traumata, extremen Ansichten oder einem „kurzsichtigen Egoismus", der nicht die mittel- und langfristigen Folgen erkennt, verbindet. Dann kann dieser Streit große Schäden verursachen, Wunden bereiten und Situationen erschaffen, unter denen schließlich alle an dem Streit Beteiligten leiden.

An dieser Stelle ist Hilfe nicht einfach, denn im Streit sind alle Kräfte auf ein Ziel hin gebündelt worden. Wenn das Erreichen dieses Zieles nun zu etwas Existentiellem wird oder mit einem Trauma oder einer großen Angst verbunden worden ist, fehlt im Allgemeinen die Möglichkeit, den eigenen Blickwinkel zu weiten, sich selber und die

Situation realistisch einzuschätzen und nach Wegen aus der Misere zu suchen.

Daher ist hier vor allem das Innehalten wichtig, das es ermöglicht, aus der Hitze des Gefechtes aufzutauchen und die Dinge einmal mit etwas Distanz von oben her zu betrachten und die sinnvollen Wege wiederzufinden statt sich selber nutzlos auszupowern und sich selber und den anderen nur Schmerzen zu bereiten.

Das bedeutet nicht, daß man auf jeden Fall mit dem Kämpfen aufhören sollte, sondern lediglich, daß man nicht im Eifer des Gefechtes das rechte Maß verlieren und kopflos werden darf. Wenn der Streit nicht mehr von dem wachen und voll bewußten „inneren Regisseur" geleitet wird, sondern aus der Eigendynamik des Streites heraus immer weiter eskaliert, gibt es unnötige Wunden.

Das Kämpfen kann nur dann produktiv und sinnvoll sein, wenn es nicht reflexhaft und daher maßlos, sondern bewußt und daher nicht zerstörerisch ist.

IV C 1. a)   Die „6" der Stäbe

Die Stab-6 ist die Folge eines „guten Kampfes": der Sieg. Dieser Sieger muß nicht notwendigerweise ein Unterdrücker sein – es ist einfach ein Mensch gemeint, der seine Ziele erreicht hat und dies nun proklamiert und feiert. Dies kann ein Richtfest sein, eine Sport-Medaille, der erfolgreiche Abschluß einer schwierigen Unternehmung und vieles mehr.

Die Schattenseite der Stab-6 ist das Nicht-Erreichen des Zieles, also das Scheitern. Dies kann verschiedene Ursachen haben: die Überschätzung der eigenen Kraft, Streit mit den Weggenossen, Unklarheiten über das Ziel selber u.a.m.

Auch hier wird die Besinnung auf sich selber und auf die eigenen Ziele gebraucht, um wieder aufs rechte Gleis zurückzufinden, um das eigene Vorgehen zu korrigieren, um die eigenen Ziele zu modifizieren usw.

IV C 1. a)   Die „7" der Stäbe

Die Stab-7 stellt eine Situation dar, in der eine Person von sechs anderen angegriffen wird, aber von ihrer Position her einen deutlichen Vorteil hat. Neider, Konkurrenten und Andersdenkende greifen die eigene Position an und versuchen sie zu zerstören, was man jedoch aufgrund der bereits erarbeiteten Stellung abwehren kann. Es wird jedoch ziemlich sicher Streß geben …

Wenn diese Karte auf dem Kopf steht, ist der eigene Stellungsvorteil nicht sehr groß und man läuft Gefahr, den Anfeindungen zu unterliegen. Vielleicht ist man auch resigniert oder erschöpft.

Wenn eine Pause möglich sein sollte, ist sie sicherlich sinnvoll. Vielleicht würden jedoch auch Verbündete helfen – oder eine Schrumpfung der eigenen Aktivitäten auf das „Kerngeschäft", also auf die tatsächlich wichtigen Dinge.

IV C 1. a)   Die „8" der Stäbe

Bei der Stab-8 sind die Kräfte in der eigenen Umgebung neutraler: Altgewohntes ändert sich, frühere Unterstützungen schwinden, neue Partnerschaften entstehen, evtl. sind die „fliegenden Stäbe" auch die Pfeile des Amor …

Diese Neuigkeiten werden erst zu einem größeren Unruheherd, wenn diese Karte auf dem Kopf steht. Vielleicht hat man Schwierigkeiten, ohne die bisherigen Unterstützungen zurecht zu kommen, vielleicht mag man den bisherigen Trott nicht verlassen, vielleicht hält man die hilfreich gereichte Hand für eine Drohgebärde, möglicherweise wird man auch von Amors Pfeilen nur beunruhigt, da man in einer festen Beziehung ist ...

IV C 1. a)   Die „9" der Stäbe

Die Stab-9 ist ein Gegner auf dem eigenen Weg. Was tun? Einen anderen Weg einschlagen? Sich auf einen Kampf einlassen? Mit ihm reden? Auf jeden Fall sollte man sich nicht einfach einschüchtern lassen. Dies ist eine Situation, die klare Ziele und vor allem einen klaren Kopf erfordert – abgesehen von dem Sammeln der eigenen Kräfte, um diese Hürde zu überwinden.

Sollte diese Karte jedoch auf dem Kopf stehen, neigt man zur Panik, zur Resignation, zur Selbstüberschätzung u.ä., was alles zu einem Scheitern der eigenen Vorhaben führen könnte.

Wie eigentlich immer bei den durch die Stabkarten dargestellten Krisen ist daher die Besinnung auf die eigentlich Ziele, das Bündeln der eigenen Kraft und das Wiederfinden der eigenen Gelassenheit notwendig. Nachdem dies geschehen ist, sollte man mit all seinen Möglichkeiten das tun, was sinnvoll ist, und in jeder Situation aufs neue schauen, was der sinnvollste Weg ist.

IV C 1. a)   Die „10" der Stäbe

Bei der Stab-10 ist die Situation anders als bei der Stab-9: Man selber sitzt an seinem Ort und es naht eine größere Macht, die die Situation verändern wird. Es ist nun notwendig, die Existenz dieser Macht zu akzeptieren, sie kennenzulernen, den eigenen Stand zu betrachten und dann zu entscheiden, welche Strategie man verfolgen will.

Sollte die Stab-10 falsch herum liegen, besteht die Gefahr von unnötiger Panik oder Resignation oder auch von einem unnötigen Präventivschlag.

Es ist also vor allen Dingen Besonnenheit notwendig, ein sorgfältiges Abschätzen der Ziele und Möglichkeiten der nahenden Macht und vor allem auch der eigenen Ziele und Möglichkeiten. Aus dieser Betrachtung sollte man dann die eigene Strategie ableiten und dann auch in die Tat umsetzen.

IV C 2.   Die 10 Kelch-Zahlenkarten

Die Kelche symbolisieren das Element Wasser. Das Thema der zehn Kelch-Karten ist daher die Liebe, die Anteilnahme, die innere Bilderwelt, Visionen und Gefühle aller Art – abgesehen von den „Feuer-Gefühlen" wie Wut, Begierde, Aggression, Lachen, Weinen usw., die zu den Stäben gehören.

IV C 1. a)   Das As der Kelche

Das Kelch-As ist der Ursprung der Gefühle, die Quelle des Wassers, die Essenz der Liebe, die Wurzel der Visionen. Wenn diese Karte im Orakel gezogen wird, sind die Liebe und die inneren Bilder das Thema. Das Kelch-As weist darauf hin, daß ein Mensch voller Liebe ist oder daß die Liebe für ihn gerade das wichtigste ist.

Die Liebe ist wie die Kraft der Feuer-Stäbe ein Aspekt der eigenen Mitte: Das Feuer ist der Selbstausdruck: das Strahlen vom Zentrum in den Umraum hinein. Das Wasser ist die Anteilnahme: das Schwingen des Zentrums mit den zu ihnen passenden Wesen und Dingen in eigenen Umraum. Die Liebe ist das Erkennen einer Verwandtschaft und daher auch einer Resonanz zwischen der eigenen Mitte und der Mitte eines anderen.

Liebe braucht daher die Wahrnehmung und die Bejahung der eigenen Mitte – Liebe kann nur aus Selbstliebe heraus entstehen. In diesem Zusammenhang liegt auch begründet, warum das Wasser auch mit den inneren Bildern verbunden ist: Nur durch die Kenntnis des eigenen Inneren und durch die Freundschaft zu allen Teilen der eigenen Persönlichkeit, die man in sich finden kann, kann Selbstliebe entstehen und kann diese Selbstliebe nach außen strahlen und durch Resonanz mit anderen zur Liebe zu diesen anderen Menschen, Wesen und Dingen werden.

Wenn diese Karte auf dem Kopf steht, fehlt dem Betreffenden die Liebe, die Freundschaft mit sich selber, der Blick in das eigene Innere, die Resonanz mit anderen …

Auch hier wird dann Besinnung benötigt, der Blick auf die Teile des eigenen Wesens, mit denen man hadert, das schrittweise Ansehen, Akzeptieren, Begrüßen, Reden, Beraten und schließlich Integrieren aller Teile der eigenen Psyche. Obwohl dies im Gegensatz zu dem extrovertierten Feuer ein innerer Vorgang ist, erfordert dies oft noch mehr Mut und Entschlossenheit als das äußere Heldentum der Stäbe.

IV C 1. a)   Die „2" der Kelche

Die Kelch-2 ist der Aufbruch der Gefühle, der Beginn einer Beziehung, der Anfang einer neuen Freundschaft. Diese Karte symbolisiert eine Begegnung, das Erkennen einer inneren Verwandtschaft, den Wunsch nach Gemeinsamkeit, nach Verbindung, nach Kontakt.

Das Kennenlernen ist schon so weit fortgeschritten, daß eine Freude über den jeweils anderen entstanden ist und beide ein gemeinsames Leben als reicher empfinden als eine getrenntes Dasein.

Die Schattenseite dieser Karte ist meistens ein Mangel an Kontakt: Kontaktängste, Hemmungen in Gruppen, das Gefühl des Ausgeschlossenseins u.ä. Wenn die Kelch-2 auf dem Kopf steht, können jedoch auch ein Verlust der Eigenständigkeit, eine Sucht nach Beziehungen, krankhafte Symbiosen zu anderen Menschen u.ä. gemeint sein.

Die Heilung besteht darin, sich auf sich selber zu besinnen, sich selber zu spüren, die eigenen Bedürfnisse wahrzunehmen und ernstzunehmen und sich über sie zu freuen und dann in der Außenwelt nach ihrer Erfüllung zu streben.

Dabei ist es wichtig, ein klares Gefühl für sich selber zu behalten, d.h. in der eigenen Selbstliebe zu leuchten. Nur auf diese Weise kann vermieden werden, daß die anderen zu Bedürfnis-Objekten oder zu einer Erweiterung der eigenen Identität werden.

Nur durch das lebendige Selbst-Erleben kann die eigene Psyche so stabil werden, daß eine beständige Identität entsteht, die die Identität der anderen wahrnehmen und sich über an ihr erfreuen kann, und die die eigene Identität weder auf die anderen ausdehnt noch die anderen zu einer Funktion innerhalb der eigenen Identität machen will.

IV C 1. a)   Die „3" der Kelche

Aus dem freudigen Beziehungs-Entschluß der Kelch-2 entsteht mit der Zeit die freudevolle Gemeinschaft der Kelch-3, die keineswegs nur Beziehungen darstellt, sondern genauso auch Freundschaften und Gemeinschaften. Diese Karte symbolisiert den Genuß des Kontaktes zu lieben Menschen.

Wenn diese Karte falsch herum liegt, weist dies auf einen Mangel an Kontakten oder eine Kontakt-Sucht hin, die beide in gleicher Weise einen Menschen isolieren können.

Die Lösung liegt auch hier wieder darin, daß man in sich selber ruht, sich selber liebt und dadurch den anderen ihre Eigenständigkeit lassen kann und auf diese Weise schließlich wirkliche Begegnungen ermöglicht.

IV C 1. a)   Die „4" der Kelche

Diese Karte beschreibt eine weit verbreitete emotionale Schwierigkeit. Wenn etwas gut ist, wehrt sich fast jeder gegen Veränderungen und klammert sich an dem Alten fest und verweigert dem neuen den Kontakt … „Wenn ich nicht das haben kann, was ich haben will, will ich gar nichts haben!"

Die Ursache dieses Problems liegt wieder einmal in einem Mangel an Selbstliebe und der daraus resultierenden unsicheren Identität. Solange man sich seiner selber gewiß ist und ebenso der Situationen und Zustände, in denen man glücklich ist, bleibt man flexibel und verliert sich bei dem Enden einer Freundschaft oder Beziehung nicht selber, sondern fühlt den Schmerz, aber verliert nicht das eigene Strahlen und die Bereitschaft, stets nach dem zu streben, was einem selber gut tut.

Solange die Karte im Orakel richtig herum erscheint, ist es noch möglich, die eigene Lage und das eigene Verhalten zu erfassen und zu fühlen und dann schließlich auch zu ändern.

Wenn diese Karte jedoch auf dem Kopf steht, wird diese Einsicht ziemlich schwierig, da man den Verlust des Alten als existentiell erlebt und in eine jeglichen Kontakt verweigernde Asketen-Haltung geht.

Es hilft natürlich wenig, dem Betreffenden seine Trotzhaltung vorzuhalten, da dieses „Nein" ein Schutz vor den eigenen Schmerzen ist. Es ist sinnvoller, dem Betreffenden Halt zu geben bzw. selber in sich oder bei anderen Halt zu suchen, damit die Begegnung mit den Schmerzen über den Verlust des Alten möglich wird und dadurch schließlich dieser Teil der Psyche aus seiner Erstarrung heraus wieder zu einem Fließen findet.

IV C 1. a)   Die „5" der Kelche

Die Kelch-5 stellt ein ähnliches Dilemma wie die Kelch-4 dar: Ein Mensch ist durch einen Verlust so stark betroffen, daß er das, was er noch hat, nicht mehr sieht. Die Flasche ist nicht nur halbleer statt halbvoll – man sieht die Flasche überhaupt nicht mehr …

Hier hilft wieder nur die Annäherung an den eigenen Schmerz – wobei man jedoch stets „den Kopf über Wasser behalten" sollte. Das Versinken im eigenen Leid führt nur zu noch größerer Erstarrung und Resignation und schließlich zur Depression.

Das bewußte Zugehen und Begrüßen der eigenen Trauer ist das wesentliche Element: durch das freundliche Akzeptieren wird der Prozeß der Integration der Trauer und dadurch schließlich auch die Verwandlung der Trauer in wieder frei fließende

Lebenskraft eingeleitet.

Sollte diese Karte falsch herum liegen, ist der Heilungsprozeß deutlich schwieriger. Es könnte sein, daß der Schmerz abgekapselt worden ist, weil er zu groß war, sodaß ein Trauma entstehen kann, daß dann u.U. alle weiteren Beziehungen behindert.
Die Lösung ist wieder dieselbe: sich sammeln, Halt in sich, bei Freunden, bei Therapeuten oder auch bei spirituellen Wesen suchen und dann allmählich auf die Schmerzen und die Trauer zugehen und sich mit ihr anfreunden.

IV C 1. a)   Die „6" der Kelche

Die Kelch-6 symbolisiert nach den Schwierigkeiten der vorigen Karten nun das Erreichen eines stabilen Zustandes, dessen Urbild die Familie ist. Diese Karte erscheint, wenn man den erwünschten emotionalen Zustand und die die dazugehörigen äußeren Umstände erreicht hat bzw. wenn das Streben nach ihnen gerade das Sinnvollste ist.

Sollte diese Karte falsch herum liegen, wurde dieser glückliche Zustand nicht erreicht oder er ist gefährdet. Meist liegen dann auch Mißverständnisse, Streitigkeiten und Zerwürfnisse mit Menschen vor, die einem sehr nahestehen.
Daher hilft es, etwas Abstand zu nehmen, sich selber und den anderen einmal zu betrachten und statt die Fehler bei dem anderen oder bei sich selber zu suchen, einmal die Frage zu stellen: "Was machen wir da eigentlich?" Durch diese veränderte Perspektive wird oft die Dynamik der Dissonanzen in der Gemeinschaft so deutlich, daß man Möglichkeiten für ein verändertes und konstruktiveres Verhalten erkennen kann.

IV C 1. a)   Die „7" der Kelche

Im eigenen Inneren gibt es viele Ängste – aber auch viele Süchte. Die eigenen Wünsche sind ausgesprochen wichtig, da man ohne sie keinerlei Handlungsimpulse hätte und völlig apathisch wäre. Wenn ein Wunsch jedoch existentiell wird und fest an eine äußere Person oder ein äußeres Ding gekoppelt ist, entsteht eine Sucht, die die Eigenständigkeit der Psyche untergräbt.
Die Kelch-7 weist allerdings nicht auf eine Sucht, sondern nur auf eine Suchtgefahr hin. In einer solchen Situation ist es erforderlich, den eigenen Wunschbildern auf den

Grund zu gehen: Will ich tatsächlich Ruhm, Gefahr, diese Frau, diesen Mann, Reichtum, Abenteuer oder was auch immer? Liegt diesem Wunsch vielleicht noch ein anderer Wunsch zugrunde? Und ist dieser bereits die Wurzel meiner Wünsche?

Erst dann, wenn man einen Wunsch bis zu dem eigenen Herzen, also bis zu der eigenen Identität hat zurückverfolgen können, kann man sich sicher sein, daß man seine „wahre Gestalt" erkannt hat.

Diese Suche nach den Wurzeln der eigenen Wünsche befreit von Süchten und der mit ihnen verbundenen Starre, sodaß man wieder dem eigenen Weg folgen kann.

Solange diese Karte richtig herum liegt, ist diese Form der Selbsterkenntnis und der Unterscheidungskraft noch einigermaßen einfach zugänglich.

Wenn sie jedoch falsch herum liegt, ist es recht schwierig, die Wurzeln der eigenen Wünsche und einen sinnvollen Weg zu ihrer Erfüllung zu erkennen.

Möglicherweise sollte man sich dann Hilfe suchen oder Meditieren oder sonst eine Maßnahme ergreifen, die diese Selbsterkenntnis einfacher macht. Oft ist es auch sinnvoll, einfach mal Abstand von dem Sucht-Objekt zu nehmen und sich selber zu spüren.

IV C 1. a)   Die „8" der Kelche

Während die Kelch-5 ein statisches Verharren im Leiden darstellt, tritt die Kelch-8 dann auf, wenn man eine Situation nicht mehr ertragen kann und fortgeht, sich trennt, aufgibt, resigniert. Die Kelch-8 stellt eine dynamische Problemlösungs-Strategie dar.

Eine Trennung kann durchaus sinnvoll sein – weder ein endloses Durchhalten trotz ständigen Leidens noch ein Fortlaufen bei den kleinsten Differenzen ist sinnvoll. Auch hier ist es wieder die Sicherheit in der eigenen Selbstliebe, die es zu unterscheiden ermöglicht, ob es sinnvoller ist zu bleiben oder zu gehen.

Wenn diese Karte auf dem Kopf steht fehlt genau diese Unterscheidungskraft, die letztlich auf einem Mangel an Selbstliebe beruht, die ihrerseits zu einer Instabilität der eigenen Psyche geführt hat.

Die Rückkehr zu dieser Selbstliebe (was nicht immer ganz einfach ist) ermöglicht letztlich eine sinnvolle Entscheidung in Krisensituationen, in denen sich die Frage stellt, ob man bleiben oder ob man sich trennen soll.

IV C 1. a)   Die „9" der Kelche

Die Kelch-9 ist die Fülle, das Genießen, das Horten. Diese Lebensanschauung ist vor allem durch Balu den Bären bekannt geworden: „Probier's mal mit Gemütlichkeit ..."

Etwas vornehmer könnte man diese Haltung auch als Hedonismus bezeichnen, also als das Leben nach dem Leitsatz „Nur das, was man von Herzen genießen kann, ist wahr und lebenswert."

Sollte diese Karte falsch herum liegen, besteht die Gefahr der Völlerei oder der Askese – die Fülle ist kein müheloses und freudevolles Fließen mehr, sondern wird entweder abgelehnt oder sie wird festgeklammert.

Die Qualität, die an dieser Stelle hilft, ist das Vertrauen in die Fülle, in das Füllhorn der Großen Mutter, in die Möglichkeit, sich ein gutes Leben zu machen, und darin, daß man dabei von der Welt unterstützt wird.

IV C 1. a)   Die „10" der Kelche

Die Kelch-10 könnte man die „Vollendung der Gefühle" nennen: Man ist Teil einer Familie oder Gemeinschaft, man liebt und wird geliebt und man freut sich des Lebens.

Sollte diese Karte auf dem Kopf liegen, fehlt einem diese Gemeinschaft und diese Freude und Geborgenheit – vielleicht fürchtet man auch Nähe, vielleicht ist man auch in einer Gemeinschaft, die gerade durch innere Unruhen oder äußeren Druck gefährdet ist, vielleicht ist man auch allein und sehnt sich nach einer solchen Gemeinschaft ...

Um diesen Zustand zu heilen, ist als Fundament die Selbstliebe notwendig, dann als zweiter Schritt die Offenheit für die Welt ... und die weiteren Schritte werden sich dann von selber ergeben ...

IV C 3.   Die 10 Schwert-Zahlenkarten

Die Schwerter symbolisieren das Luft-Element. Dies ist zunächst die Bewegung und dann sekundär auch die Gedanken und die Erkenntnisse. Im Tarot wird auch noch der Streit zu diesem Element bzw. zu den Schwertern gerechnet.

Die folgenden 10 Karten haben daher Erkenntnis, Aufrichtigkeit, Wahrheit, Sprechen, Diskussionen, Auseinandersetzungen u.ä. zum Thema.

IV C 1. a)   Das As der Schwerter

Das Schwert-As ist die Wahrheit, die Klarheit, das Wissen, die Weisheit, die Aufrichtigkeit, die Logik, die Vernunft, der Verstand, die Beweglichkeit, die Diskussion, die Vielfalt, der Streit …

Diese Karte weist entweder darauf hin, daß die genannten Qualitäten vorhanden sind und eingesetzt werden sollten oder daß sie erworben werden sollten.

Wenn diese Karte auf dem Kopf steht, liegt eine Funktionsstörung in diesem Bereich vor. Möglicherweise denkt man zu wenig, vielleicht auch zuviel, oder nicht klar genug … In den meisten Fällen wird es einen tieferen Grund für diese Störung geben, der verhindert, daß das Denken seine eigentliche Aufgabe erfüllen kann.

Meistens ist eine Form des Stresses oder der Resignation, also eines Zuviel oder eines Zuwenig an Motivation, die Ursache.

Im ersten Fall liegt oft eine Angst vor, die den Verstand zum „Feuerwehrmann" werden läßt, der zu retten versucht, was noch zu retten ist und dabei Funktionen anderer Teile der Psyche übernimmt wie z.B. das Treffen von Entscheidungen, obwohl dies zu den Aufgaben des Willens gehört. Ein solcher Mensch befindet sich in der Regel in einer ständigen leichten Panik, fühlt sich bedroht und versucht sich durch die Kontrolle aller Dinge zu retten.

Im zweiten Fall hat es früher einmal Stress gegeben, der nicht bewältigt werden konnte und dann schließlich zur Resignation und zu einer hoffnungslosen Gedankenlosigkeit geführt hat.

In beiden Fällen wird als erstes eine Rückkehr zur eigenen Mitte gebraucht und dann als zweites eine Klarheit über die Möglichkeiten und die Aufgaben des Denkens, also die Wiederherstellung der klaren Aufgabenteilung zwischen Körper, Willen Gefühlen, Gedanken und inneren Bildern.

IV C 1. a)   Die „2" der Schwerter

Diese Karte zeigt an, daß sich jemand weigert, etwas anzusehen, was Unruhe oder Leid verursacht – man schaut nicht in den Spiegel, um sich selber zu erkennen und meidet die eigene Innenwelt, die auf den Tarotkarten oft durch das Meer, Inseln, Sümpfe oder den Mond dargestellt wird.

Diese Verschlossenheit läßt sich jedoch ohne allzugroßen Aufwand erkennen und beheben, solange diese Karte richtig herum steht.
Wenn diese Karte jedoch auf dem Kopf steht, weigert man sich nachdrücklich, in das eigene Innere zu blicken und genau hinzusehen. In der Regel hat man dann die Ansicht, daß dadurch doch alles nur noch schlimmer werden würde, daß man die Angst, die Bedürfnisse und die inneren Bilder bekämpfen muß u.ä. Man kämpft gegen sich selber und erkennt Schmerzen und Ängste nicht mehr als Warnungen, sondern hält sie selber für das eigentliche Übel.
Das, was hier gebraucht wird, ist die Klarheit darüber, was eine Angst und was ein Schmerz ist. Dann kann man sie ernst nehmen, sie begrüßen, innerlich mit ihnen reden und sie schließlich begreifen und nach Wegen suchen, wie das eigentliche Problem geheilt werden kann.

IV C 1. a)   Die „3" der Schwerter

Dies Karte symbolisiert Leid durch Trennung. Die heftigste Variante ist meistens der Liebeskummer.

Solange die Schwert-3 richtig herum steht, ist man in der Lage, sich dem Schmerz zu stellen und mit ihm so umzugehen, daß die Wunden nach und nach heilen können.
Falls diese Karte jedoch auf dem Kopf steht, ist es schon schwer, den Schmerz überhaupt nur anzunehmen, d.h. die Situation zu akzeptieren und dann zu schauen, wo und wie es weitergeht.

IV C 1. a)   Die „4" der Schwerter

Diese Karte stellt den Rückzug in die Stille dar – Meditation, einsame Spaziergänge, ein Klosteraufenthalt, aber evtl. auch Therapien, die ebenfalls eine Besinnung auf sich selber sind. Diese Karte ist der Gegensatz zu der Schwert-2, die die

Weigerung, nach innen zu blicken, verkörpert.

Wenn diese Karte auf dem Kopf steht, ist der Rückzug nicht freiwillig oder es fehlt an der Selbstbesinnung oder man übertreibt mit dem Rückzug. Im Extremfall weist diese Karte dann auf Depressionen, Weltangst, Realitätsverlust und schließlich eine Selbstmordgefährdung hin.

Bei dem Mangel an Selbstbesinnung hilft evtl. die Einsicht, daß man nur dann glücklich werden kann, wenn man sich selber kennt.

Bei der Isolation von der Welt hilft am ehesten das Wiederfinden der eigenen Mitte und das Vertrauen darin, daß man einen angenehmen äußeren Zustand erreichen kann.

Beide Wege sind nicht ganz einfach – doch diese Karte weist nur darauf hin, daß die Situation gerade von einer bestimmten Qualität geprägt wird und sagt nichts über die Intensität dieser Qualität aus. Es könnte also auch schon ein kleines Innehalten hilfreich sein, durch das man wieder erkennt, was man denn eigentlich wollte und welcher Weg dorthin führt.

IV C 1. a)   Die „5" der Schwerter

Die Schwert-5 ist ein Streit, bei dem es einen überlegenen Sieger gibt. Dies ist die Karte des Wettkampfes, der Auseinandersetzung – vom Ritterturnier über die Bundesliga bis hin zu Kriegen.

Der Streit ist ein Bestandteil des Lebens, der sich heutzutage weitgehend auf den Streit unter den Menschen selber reduziert hat, da es kaum noch Großraubtiere gibt, die den Menschen gefährlich werden können. Man könnte auch den Kampf gegen Viren, Bakterien u.ä. zu diesem Streit hinzurechnen, aber es ist in erster Linie der Streit zwischen Menschen gemeint.

Solange diese Karte richtig herum liegt, kann es sich noch um belebende Konkurrenz handeln (auch wenn dies eher unwahrscheinlich ist), aber wenn diese Karte falsch herum liegt, zeigt sie ein Scheitern an, eine Unterlegenheit, eine Niederlage …

Die Aufgabe an dieser Stelle ist es vor allem, nicht vollständig zu resignieren, sondern zu schauen, wie es weitergehen könnte, was man üben könnte, welche Unterstürzung man evtl. benötigt, ob man seine Ziele ändern muß, eine andere Strategie zu ihrem Erreichen benötigt usw.

Solange die Karte richtig herum liegt, berappelt man sich nach einer Niederlage nach einer gewissen Zeit; wenn sie jedoch falsch herum liegt, besteht die Gefahr der Resignation oder der verbissenen Rachegelüste …

IV C 1. a)   Die „6" der Schwerter

Die Schwert-6 stellt einen Übergang dar – man verläßt das altgewohnte Land und fährt neuen Ufern entgegen. Dies ist mit Trauer und Abschiedsschmerz verbunden, aber es ermöglicht auch neue Perspektiven – wobei der Schmerz zu dem Zeitpunkt, an dem diese Karte gezogen wird, noch überwiegt. Möglicherweise nimmt man auch nicht als Einzelperson, sondern als Gruppe von einer „Heimat" Abschied und begibt sich in unbekannte Gefilde.

Wenn die Schwert-6 auf dem Kopf liegt, ist der Abschiedsschmerz so groß, das es zur Hoffnungslosigkeit und zur Resignation kommen kann.
In diesem Fall ist es notwendig, sich auf sich selber zu besinnen und zu schauen, wohin man will. Die Lösung ist der Satz: „Jede Situation ist eine Möglichkeit, auszudrücken, wer man wirklich ist."

IV C 1. a)   Die „7" der Schwerter

Die Schwert-7 zeigt einen Verlust an, der oft durch Unaufmerksamkeit verursacht worden ist. Ein Gegner hat die eigene Schwäche genutzt, um sich auf Kosten des Fragestellers zu bereichern oder sich einen Vorteil zu verschaffen. Diese Karte ist eine deutliche Aufforderung zu mehr Wachsamkeit und Aufmerksamkeit.

 Wenn sie auf dem Kopf steht, besteht die Möglichkeit, daß der Verlust bereits eingetreten ist, daß man aufgrund des Verlustes „die Flinte ins Korn wirft" oder in sinnloses Klagen und Rachegeschrei ausbricht.
Eine möglichst ruhige und genaue Betrachtung der Umstände, die zu dem Verlust geführt haben, ist das, was am ehesten weiterhilft – es wäre schließlich das Übelste, denselben Fehler noch mehrmals zu wiederholen …

IV C 1. a)   Die „8" der Schwerter

Diese Karte weist auf einen Weg in unbekannte Gebiete hin, womit in den meisten Fällen das eigene Innere gemeint sein wird. Man weiß wenig über das Neuland und man sieht dort auch nicht viel und man ist durch immer drängendere Schwierigkeiten dazu gezwungen worden, sich auf die Suche nach den Ursachen zu machen. Dieser Weg wird meistens als sehr unangenehm, angstbesetzt und gefährlich empfunden –

wie eine Therapie oder ein Feuerlauf.

Solange diese Karte richtig herum liegt, wird man noch soviel Einsicht haben, daß man sich zu dieser Reise entschließen kann; liegt sie jedoch auf dem Kopf, wird man sich zu ihr gezwungen fühlen, wird man diese Reise vermeiden wollen, sie ablehnen oder mit dem eigenen Schicksal hadern. Dieser Weg in das Unbekannte wird auch dadurch schwierig, daß man nicht weiß, wohin er führen wird.
Die Eigenschaften, die gebraucht werden, wenn diese Karte erscheint, sind Mut und Vertrauen.

IV C 1. a)   Die „9" der Schwerter

Diese Karte weist auf Ängste, Verzweiflung und Alpträume hin. Man hat etwas Schreckliches erlebt, das man kaum verarbeiten kann und das evtl. zu der Entstehung eines Traumas geführt hat.
Hier hilft nur der mutige Blick auf das, was geschehen ist. Dabei sollte man sich jedoch nicht von seinen Gefühlen überschwemmen lassen, sondern alle Gefühle als berechtigt begrüßen und dann zusammen mit ihnen nach Möglichkeiten suchen, wie die eigene Lebenskraft wieder in den Fluß kommen kann – statt in Angst zu zittern, in Trauer zu kreisen oder in Depressionen niederzusinken.

Die umgedrehte Schwert-9 zeigt an, daß die Verzweiflung eine bedenklich große Intensität erlangt hat und daß man keinen Ausweg mehr sieht.
In einer solchen Situation helfen am ehesten Meditationen, Gebete und die Gespräche mit guten Freunden.

IV C 1. a)   Die „10" der Schwerter

Die Schwert-10 zeigt das völlige Scheitern einer Unternehmung oder eines Menschen an.

Solange die Karte richtig herum liegt, ist sich dieser Mensch in seinem Scheitern jedoch noch treu geblieben und es ist ein Neuanfang nach einer Zeit des Rückzuges denkbar.
Sollte diese Karte jedoch auf dem Kopf liegen, wird der Betreffende auch sich selber und seine Ziele aus den Augen verloren haben bzw. völlig resigniert sein.

In beiden Fällen ist die Besinnung auf sich selber das wichtigste Element für die Veränderung der Situation.

IV C 4.   Die 10 Münz-Zahlenkarten

Die Münzen symbolisieren das Erd-Element. Sie stehen für Wachstum und Gedeihen, für Wohlstand und Besitz, für Arbeit und Geld sowie für Beständigkeit und Verläßlichkeit.

IV C 1. a)   Das As der Münzen

Das As der Münzen zeigt, daß die Qualitäten der Erde bzw. der Münzen, wie sie oben beschrieben wurden, entweder vorhanden sind oder benötigt werden.

Wenn diese Karte auf dem Kopf steht, mangelt es entweder an diesen Qualitäten oder sie sind im Übermaß vorhanden.
Im ersten Fall kommt es zu Armut, Mißernten, Mangel, Fehlschlägen, Haltlosigkeit u.ä.; im zweiten Fall besteht die Gefahr der Völlerei, der Habgier, des Geizes, der Verschwendungssucht u.ä. Dinge mehr.
Richtig herum bedeutet diese Karte Gedeihen, falsch herum entweder Sucht oder Askese.
Die Heilung kann dadurch erlangt werden, daß man sich auf sich selber und seine Ziele besinnt und sich auf das konzentriert, was kein Ersatz für anderes ist, sondern das, was man wirklich genießen kann, was man von Herzen erwünscht …

IV C 1. a)   Die „2" der Münzen

„Alles ändert sich, doch selten wird es besser ..." heißt es in einem alten Lied. Das I Ging ist da schon etwas neutraler und hält nicht jeden Wandel für etwas Übles.
Der ständige Wandel aller Dinge ist ein wesentliches Element dieser Welt. In der Kernphysik wird deutlich, daß es keine festen Dinge gibt, sondern das alles Prozesse sind …
Nun kann man diesen Wandel tanzen und das Lied der Münz-2 voller Freude singen – oder man kann unter diesem Wandel leiden und über die Münz-2 klagen.
Natürlich sollte man seinem Schmerz Ausdruck geben und ihn nicht unterdrücken. Solange man sich in dem Schmerz nicht selber verliert und bereit für das Neue ist, kann der Wandel auch zu einer Bereicherung werden.
In den meisten Weltanschauungen ist der Wandel der Wechsel zwischen zwei Polen, von denen Yin und Yang am bekanntesten sind. Der Alltag ist jedoch deutlich

komplexer und enthält viele Möglichkeiten und Zustände, die einander abwechseln – sie werden im I Ging als verschiedene Kombinationen von Yin und Yang beschrieben.

Wenn der Wandel jedoch zu etwas Gefürchtetem wird, wird man es schwer haben, in dieser Welt zurechtzukommen.
Daher ist die Betrachtung des Wandels, der Halt in sich selber oder in Gott sowie die Bereitschaft, das Leben zu tanzen, die einzige Haltung, die vor ständigen Wunden und vor endlosem Leid schützt.

IV C 1. a)   Die „3" der Münzen

Diese Karte zeigt an, daß sorgfältige Arbeit das anstehende Thema ist und daß diese Arbeit Teil eines größeren Ganzen ist.

Wenn die Münz-3 richtig herum steht, wird diese Arbeit fruchtbar sein und gut angeleitet werden und man hat evtl. sogar Freude in der Zusammenarbeit mit anderen.
Sollte diese Karte jedoch auf dem Kopf stehen, nimmt man möglicherweise vergebliche Mühen auf sich oder ist unproduktiv oder man hat Streit mit Kollegen – oder ist apathisch und kann sich gar nicht erst zum Arbeiten aufraffen.
Die Lösung ist die Verbundenheit mit der eigenen Arbeit – wenn man genau das tut, was man aus eigenem Antrieb heraus will, ist die Arbeit keine Last mehr, sondern ein kreativer Ausdruck der eigenen Persönlichkeit.

IV C 1. a)   Die „4" der Münzen

Die Münz-4 weist auf Raffgier, Habgier und Geiz hin – man klammert sich an seinem Besitz fest und fürchtet Verluste, Unruhen und den Wandel.

Wenn diese Karte auf dem Kopf steht, erlangt das Festklammern krankhafte Ausmaße – oder es fehlt einem die Fähigkeit, für sich selber zu sorgen und aus einem gesunden Egoismus heraus auch ein Stück des Kuchens für sich selber zu beanspruchen.
Die Lösung ist ein Egoismus, der sowohl den Wandel integriert hat als auch in einem Vertrauen in die Welt ruht.

IV C 1. a)   Die „5" der Münzen

Dies ist die Karte der Armut … die Polarisierung in Arm und Reich … der Anlaß für Karl Marx, sein „Kapital" zu schreiben.

Es gab schon viele Ansätze, um die Armut und den Hunger aus der Welt zu schaffen, aber bisher ist noch immer nicht ganz gelungen.

Die Armut ist schon bedrohlich, wenn diese Karte richtig herum liegt, aber wenn sie auf dem Kopf steht, erscheint sie aussichtslos und lebensbedrohlich.

In einer solchen Situation hilft es, alle denkbare Hilfe anzunehmen, sich das eigene innere Armuts-Bild genauer zu betrachten und schließlich den Kontakt zur Welt und die Geborgenheit in ihr wiederzufinden.

In der Regel bezieht sich diese Karte auf Mangel an Besitz, aber manchmal kann sie auch einfach ein von Armut und Mangel geprägtes Lebensgefühl darstellen – auch die Reichsten können unter Existenzangst leiden …

IV C 1. a)   Die „6" der Münzen

Diese Karte ist eine mögliche Heilung für die Situation, die von der Münz-5 beschrieben wird.

Die Münz-6 ist der großzügige Spender, das Harz4-Amt oder einfach eine gute Gelegenheit, zu einem bescheidenen Wohlstand zu gelangen. Die Münz-6 kann auch einen Sponsor oder einen Mäzen ankündigen oder einen Manager, der sich darum kümmert, daß die eigenen Fähigkeiten auch zu Geld werden.

Sollte diese Karte umgedreht liegen, könnte es sein, daß man die Hilfe von außen nicht sieht oder sie nicht annehmen kann – vielleicht auch, daß keine solche Hilfe zu sehen ist.

Hier hilft am ehesten die Bitte an die Welt, an die eigene Seele oder an Gott um Hilfe sowie das eigene konkrete Bemühen um Unterstützung.

IV C 1. a)   Die „7" der Münzen

Die Münz-7 symbolisiert Nachdenklichkeit, Mühen und evtl. auch Erschöpfung. Man arbeitet viel, aber die Früchte des eigenen Tuns sind eher mager. Die Münz-7 rät dazu, das eigene Tun noch einmal zu überdenken und zu schauen, ob man vielleicht etwas verändern sollte. Wahrscheinlich liegt man nicht ganz falsch und es bedarf nur einer kleineren Kurskorrektur, um den eigenen Garten wieder blühen zu lassen.

Sollte diese Karte auf dem Kopf liegen, bemerkt man möglicherweise die eigene Erschöpfung nicht oder hält sie für normal – oder man glaubt, daß alles falsch ist, was man macht.
Daher sollte man sich die Zeit nehmen, in Ruhe die eigene Situation zu betrachten und zu untersuchen, was das eigene Leben derzeit so mühsam und die eigene Arbeit so unfruchtbar macht.

IV C 1. a)   Die „8" der Münzen

Die Münz-8 ähnelt der Münz-3, aber sie stellt eher eine kleine Arbeit dar, die nicht in einem größeren Zusammenhang steht. Die Münz-3 meißelt ein Bild an einer großen Kathedrale – die Münz-8 repariert einen Schuh …
Dies macht den Fleiß und die Sorgfalt dieser Karte nicht unwichtiger als die Tätigkeit der Münz-3 – sie liegt nur in einem anderen Bereich.
Ärzte, die neue Heilmöglichkeiten entwickelt haben, und Entdecker von wichtigen Heilmitteln erhalten manchmal den Nobelpreis … Doch welche Krankenschwester erhält einen Nobelpreis? Aber möchte man deshalb generell auf Krankenschwestern verzichten?

Wenn diese Karte auf dem Kopf steht, ist Mangel an Sorgfalt oder eine überpenible Haltung zu befürchten. Es können auch Übereifer oder Trägheit auftreten.
Die Lösung liegt im Erkennen des rechten Maßes. Und um dieses rechte Maß einhalten zu können, ist meistens auch eine Betrachtung der Gefühle notwendig, die zu einem Abweichen von diesem sinnvollen Maß geführt haben. Der penible, übereifrige Handwerker, der nie Pause machen kann, fürchtet vielleicht Armut … und der schlampige, faule Handwerker hat möglicherweise so viele Sorgen, daß er resigniert und aufgegeben hat …

IV C 1. a)   Die „9" der Münzen

Ähnlich der Kelch-9 ist auch die Münz-9 eine Karte des Genießens. Während sich die Kelch-9 jedoch mehr auf die Gefühle bezieht, hat die Münz-9 das Thema des Reichtums und des Wohlstandes.

Man hat viel erreicht, kann sich so manches leisten und genießt dies auch. Auch das Genießen dessen, was man erreicht hat, ist eine sehr wesentliche Kunst, denn welchen Nutzen hätte sonst das Erreichen der eigenen Ziele?

Wenn diese Karte auf dem Kopf steht, könnte sie auf Genußsucht, Völlerei, aber auch auf Mangel und Verlust und Genuß-Unfähigkeit hinweisen.

In einem solchen Fall könnte man einmal überprüfen, wofür man sich in seinem Leben anstrengt, was man zu erreichen versucht, ob man in der Lage ist, etwas zu genießen – und schließlich zu schauen, was einem wirklich Freude bereitet.

IV C 1. a) Die „10" der Münzen

Diese Karte stellt die Verwirklichung der im Münz-As angelegten Möglichkeiten dar. Man hat alles erreicht, was man wollte, man hat Wohlstand, eine Familie, ein Heim, eine Heimat und genießt dies alles …

Wenn die Münz-10 falsch herum liegt, muß man nicht sofort das Scheitern der gesamten Lebenspläne fürchten, aber an irgendeiner Stelle gibt es Mängel, Irrtümer, Verhärtungen …

Daher sollte man sich wie bei der Münz-9 auf das besinnen, was man eigentlich will, was man genießen kann, worüber man sich freut – und dann das eigene Leben entsprechend ändern.

IV C 5. Systematiken

Die wichtigste Zuordnung der 4x10 Zahlen-Karten ist der Lebensbaum. Die zehn Bereich auf ihm haben folgende Eigenschaften:

\multicolumn{5}{c}{**Die 10 Sephiroth (Bereiche) auf dem Lebensbaum**}				
Graphik	*Name*	*Farbe*	*Übersetzung*	*Charakter*
	1. Kether	weiß	Krone	Ursprung
	2. Chokmah	grau	Weisheit	Expansion
	3. Binah	schwarz	Verstehen	Form
	-. (Daath)	unsichtbar	Wissen	Kontinuum
	4. Chesed	blau	Barmherzigkeit	Erweiterung
	5. Geburah	rot	Stärke	Stärke
	6. Tipahreth	gelb	Schönheit	Zentrierung
	7. Netzach	grün	Sieg	Strahlen
	8. Hod	orange	Glanz	Strukturieren
	9. Yesod	violett	Fundament	Assoziieren
	10. Malkuth	braun	Königreich	Erden

Diese zehn Eigenschaften lassen sich als zehn Aspekte der vier Elemente auffassen, wodurch eine präzise Definition der 4x10 Zahlen-Karten des Tarots entsteht, die bei vielen Karten zutrifft, bei einigen jedoch auch von ihr abweicht.

Da diese Zuordnung jedoch erst seit der Zeit des Golden Dawn in dieser Weise benutzt wird, sagt sie wenig darüber aus, ob auch schon die ersten Karten des Tarot diese Symbolik besessen haben.

Die folgende Tabelle zeigt den Charakter der heute üblichen Charakterisierungen der Zahlen-Karten (helle Spalte) sowie die Qualität, sie sich aus dem Element und der Sephirah (Bereich) des Lebensbaumes ergibt (graue Spalte). Die größeren Abweichungen sind dunkelgrau hinterlegt.

Die Herleitung der Qualitäten der Zahlen-Karten aus dem Lebensbaum

Feuer = Stab		Wasser = Kelch		Luft = Schwert		Ede = Münze	
Karte	Lebensbaum	Karte	Lebensbaum	Karte	Lebensbaum	Karte	Lebensbaum
Tatkraft	Tatkraft	Anteilnahme	Anteilnahme	Wahrheit	Wahrheit	Gedeihen	Gedeihen
Aufbruch	Aufbruch	Kontakt	Gefühlsausdruck	Verdrängung	Erkenntnis	Wandel	Wachstum
geformte Stärke	geformte Stärke	Fest	Verbundenheit	Liebeskummer	Erkennen	Arbeit an Großprojekt	Halt
Fest	Expansion	Ablehnung, Trotz	Innere Fülle	Rückzug	Weisheits-Buch	Festklammern	Expansion
Streit	Verwandlung	Depression	Gefühlskonflikte	Streit	Diskussion	Armut	Konkurrenz
Sieg	zentrierte Stärke	Herzlichkeit	in sich ruhen	neue Ufer	Klarheit	Almosen	Festigung
gegen Übermacht	Herrschaft	Illusionen	Herzlichkeit	Kraftverlust	Zusammenhängen sehen	Betrachtung der Arbeit	Ausbau
Pfeile	Regulierung	Abschied	klare Gefühle	schwerer Weg	Aufrichtigkeit	Handwerk	Fleiß
Widerstand auf dem Weg	Kraft-Fülle	Fülle	Gefühlsreichtum	Alpträume	Gespräch	Gedeihen des Gartens	Genießen
Bedrohung	Verwirklichung	Familie	erfülltes Leben	Vernichtung	Verstehen	Wohlstand	Wohlstand

Fast alle dieser knapp 19 Abweichungen entstehen dadurch, daß nicht die heile Form des Elemente-Aspektes der betreffenden Sephirah beschrieben wird, sondern die Schatten-Seite dieser Element-Sephirah-Kombination. Insbesondere bei den kriegerischen Schwertern finden sich viele Abweichungen, die das Leid des Kampfes illustrieren.

Falls der kabbalistische Lebensbaum für den Kartenleger ein geläufiges Symbol ist, kann man diese Liste als „Merkhilfe" für die Bedeutung der Karten benutzen, aber ansonsten ist sie keine große Hilfe bei der Benutzung des Tarot für Orakelzwecke.

IV C 6. ähnliche Karten und ihre Unterschiede

Es gibt eine ganze Reihe von Karten, die sich ähnlich sind und deren Unterschiede man evtl. nicht sofort erfassen kann. Daher werden diese Karten hier noch einmal aufgeführt und verglichen.

<u>Thema:</u> Fülle und Gemeinschaft:
Münz-6: Zuneigung, Gemeinschaft, Familie
Münz-9: materielle Fülle, Genießen
Münz-10: Heimat, Familie, Verwirklichung der Lebensziele
Kelch-9: emotionale Fülle, Genießen
Kelch-10: Familie, Geborgenheit

<u>Thema:</u> Frau
Herrscherin: inspirierte Hüterin des Gedeihens
Stab-Königin: starke Frau
Kelch-Königin: emotionale Frau
Schwert-Königin: klar denkende Frau
Münz-Königin: reiche Frau

<u>Thema:</u> Mann
Herrscher: willensstarker Mann
Stab-König: starker Mann
Kelch-König: emotionaler Mann
Schwert-König: klar denkender Mann
Münz-König: reicher Mann

<u>Thema:</u> Liebe
Die Liebenden: Liebe mit spirituellem Aspekt
Kelch-2: Beginn einer Beziehung

<u>Thema:</u> Fest
Kelch-3: emotionale Verbundenheit
Stab-4: Feiern des eigenen Erfolges

Thema: Garten
Münz-7:   Betrachtung der Arbeit, Unzufriedenheit
Münz-9:   Fülle, Zufriedenheit

Thema: Festklammern und Leiden
Kelch-4:   verstockt sein, trotzen, Neues ablehnen
Kelch-5:   durch einen Verlust entstandene Depression
Kelch-8:   alles aufgeben
Schwert-2:   verdrängen, sich verschließen
Schwert-3:   Liebeskummer
Münz-4:   Geiz, Gier, Festhalten
Münz-5:   Armut

Thema: Handwerk
Münz-3:   Mitarbeit an einem großen Projekt
Münz-8:   Handwerk im kleinen Rahmen

Thema: Verlockung
Teufel: Gier nach Sexualität, nicht-Integration des eigenen Schattens
Kelch-7:   Illusionen, Süchte, Verlockungen

Thema: Initiative
Magier: Initiative
Stab-As: Quelle der Kraft
Kelch-As: Quelle der Liebe
Schwert-As: Quelle der Wahrheit
Münz-As: Quelle des Gedeihens

Thema: Stärke
Kraft: Kraft durch Selbstgewißheit
Siegeswagen: erfolgreiche Durchsetzung
Stab-Ritter: kraftvolle Umsetzung
Kelch-Ritter: kräftiger Gefühlsausdruck
Schwert-Ritter: überzeugender Redner
Münz-Ritter: effektiver Manager

Thema: Expansion
Stab-2:   Aufbruch zu einer Eroberung
Stab-3:   Erweiterung des Erreichten
Stab-6:   Erreichen eines Zieles

Thema: Streit
Stab-5:   Streit unter Gleichstarken
Stab-7:   sich von einer guter Stellung aus gegen eine Übermacht behaupten
Stab-9:   Hindernis auf dem Weg
Stab-10:   eine große Macht naht
Schwert-5:   Ende eines Kampfes mit einem eindeutigen Sieger

Thema: Wandel
Schicksalsrad: ständiger Wandel
Münz-2:   Bereitschaft, den Wandel zu tanzen
Mäßigkeit: Wandel ohne Verlust

Thema: Ende
Tod: Tod, Wandel
Turm: Zusammenbruch
Schwert-4:   Rückzug zur Besinnung
Schwert-10:   Scheitern, Tod
Eremit: Selbstbesinnung

V Legemethoden

Um mithilfe der Tarot-Karten etwas über eine Situation zu erfahren, muß man zuvor entscheiden, wieviele Karten man ziehen will und wofür diese Karten stehen sollen.

Die Aussage ergibt sich aus der gestellten Frage und der Karte als Antwort auf diese Frage. Zu den meisten Themen gibt es mehrere mögliche Fragen, da das Thema mehrere Aspekte hat. Daher ist eine klare Frage die Voraussetzung für eine klare Antwort.

Es gibt für die Wahl der Anzahl der Karten zwei grundlegend verschiedene Möglichkeiten: zum einen Standard-Legeweisen, die man immer benutzen kann, aber die nicht unbedingt genau zu dem Thema passen, zu dem man etwas erfahren will, und zum anderen die situationsbezogenen Legeweisen, die man für jedes Thema neu entwerfen muß.

Bei allen diese Fragen ist zu beachten, daß die möglichen Antworten kein „Ja", kein „Nein" und keine Quantitäten enthalten.

V A Einzelkarte

Die einfachste aller Legemethoden ist die Einzelkarte. Doch auch bei dieser Methode ist es notwendig, eine klare Frage zu formulieren. Wenn das Thema z.B. eine Beziehungskrise ist, könnte man mehrere verschiedene Fragen stellen, die alle unterschiedlichen Antworten erhalten würden:

„Was soll ich tun?"
„Besteht noch Hoffnung?"
„Wodurch ist der Streit eigentlich entstanden?"
„Was ist die eigentliche Ursache unseres Streites?"
„Was bedeuten Beziehung eigentlich wirklich für mich?"
usw. …

Je konkreter die Fragen sind und je größer die Einsicht in die Strukturen der Situation und in die in ihr wirkenden Kräfte ist, desto präziser wird auch die Antwort werden.

Es ist auch stets von Vorteil, wenn man nicht (wie bei den beiden ersten Fragen) einen Schicksalsspruch erwartet, sondern sich fragt, was die Ursachen und Möglichkeiten sind, um dann selber zu entscheiden, was man tun will.

V B   Vergangenheit – Gegenwart – Zukunft

   Vergangenheit Gegenwart   Zukunft

Eine weitere einfache Legemethode sind die drei „Zeit-Karten", die Aufschluß über eine Entwicklung geben.

Die Vergangenheits-Karte (links) zeigt die Ursachen und die bisherige Entwicklung, die Gegenwarts-Karte (Mitte) die momentane Situation und die Zukunfts-Karte (rechts) die weitere Entwicklung, sofern man nicht gezielt in das Geschehen eingreift.

V C   2 Möglichkeiten und Ergebnisse

	die Möglichkeit selber	ihre Entwicklung
Möglichkeit 1	▨	▨
Möglichkeit 2	▨	▨

Eine der Standard-Situationen ist die Frage, welche von zwei Möglichkeiten die bessere ist.

Diese Situation hat mehrere Aspekte:

      Möglichkeit 1 (links oben)
      und deren Entwicklung (rechts oben) sowie

      Möglichkeit 2 (links unten)
      und deren Entwicklung (rechts unten).

Wenn es mehr als 2 Möglichkeiten gibt, legt man einfach mehr „Zeilen" von Karten.

V D   Dreiecks-Geschichten

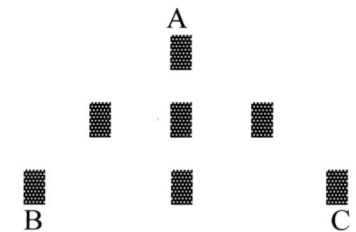

Die zweite Standard-Situation sind die Verhältnisse und die Probleme zwischen drei Personen.

In diesem Fall gibt es insgesamt 7 Karten:

Person A (oben),
Person B (links unten),
Person C (rechts unten),

das Verhältnis zwischen A und B (links Mitte),
das Verhältnis zwischen A und C (rechts Mitte),
das Verhältnis zwischen B und C (unten Mitte)

sowie die Gesamtstimmung zwischen ihnen (Karte im Zentrum).

Diese Methode läßt sich auch noch auf vier Personen anwenden, aber ab 5 Personen sind so viele Karten nötig, daß diese Legemethode unübersichtlich wird. Man sollte dann für den Charakter jeder Personen eine Karte legen, eine für die Gesamtsituation und eine für die Bedeutung der Situation für den Fragesteller.

V E   was man beachten sollte

Eine Gefahr bei der kreativen Wahl der Karten-Legemethode ist, daß man u.U. einen wesentlichen Aspekt übersieht und daher auch nicht nach ihm fragt und somit auch keinen Kommentar dazu erhält.

Dieses Problem läßt sich jedoch leicht dadurch lösen, daß man stets eine Karte für die Frage „Worauf sollte ich achten?" zieht. Es ist hilfreich, diese Karte stets an dieselbe Stelle zu legen – z.B. oben links von allen anderen Karten.

V F Hexagramm

Eine traditionelle Standard-Legemethode, die sich für die allgemeine Übersicht über eine Situation eignet, ist das Hexagramm, das aus 7 Karten besteht:

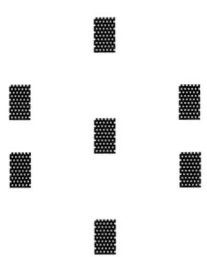

Diese Legemethode betrachtet den Willen, die Gefühle und den Verstand eines Menschen und schaut, in welcher Weise sie sich weiterentwickeln:

unten links: Verstand jetzt
oben links: Verstandes-Entwicklung

unten rechts: Gefühle jetzt
oben rechts: Gefühls-Entwicklung

oben Mitte: Wille jetzt
unten Mitte: Willens-Entwicklung

Zentrum: Essenz

Das nach oben weisende Dreieck in diesem Hexagramm stellt die Gegenwart dar und das nach unten weisende Dreieck die Zukunft.
Die Karten dieser traditionellen, aber etwas unübersichtlichen Legemethode lassen sich auch etwas anschaulicher anordnen:

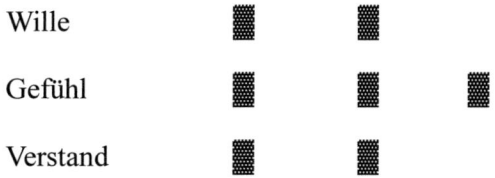

V F   weitere Frage-Positionen

Bei bestimmten Thema kann man auch noch einige andere Karten mit in die Fragestellung aufnehmen – manchmal entspricht die eine oder andere Frage auch dem Charakter des Fragestellers bzw. des Orakeldeuters.
Solche Karten-Positionen sind z.B.:

„Welche Hindernisse gibt es?"
„Was ist noch verborgen, aber wichtig zu wissen?"
„Welches Potential bietet diese Entscheidungsmöglichkeit langfristig?"
„Was ist das maximal mögliche Ergebnis?"
„Wie wird es mir mit dieser Entscheidung gehen?"

Derartige Fragen gibt es in vielen Varianten. Sie hängen u.a. auch von dem eigenen Weltbild ab. Wenn man z.B. die Menschen in die Bereiche Körper, Lebenskraft, Verstand, Gefühle, Wille, Ich und Seele einteilt, ist es naheliegend, die drei Schichten des oben beschriebenen „Hexagramms" auf sieben Schichten zu erweitern.
Es ist jedoch nicht gesagt, daß eine möglichst große Differenzierung die besten Ergebnisse bringt. Sinnvoll ist eine möglichst präzise, der Situation angemessene, vollständige, aber nicht zu umfangreiche Frage. Als Richtwert könnte man zwischen 4 und 7 Karten anpeilen – wobei es je nach Fragestellung auch mal mehr oder weniger sein können.

VI Situations-Analyse oder Zukunfts-Vorhersage?

Ein grundlegender Aspekt bei der Verwendung des Tarots als Orakels ist die Frage, was man von dem Orakel erhofft. Die beiden grundlegenden Möglichkeiten sind zum einen Informationen über die Gegenwart, damit man sinnvolle Entscheidungen treffen kann, und zum anderen Informationen über die Zukunft, weil man sich nach ihnen richten will.

Beide Möglichkeiten funktionieren. Es gibt jedoch einen grundlegenden Unterschied: Wenn man die Gegenwart analysiert, um zu sinnvollen Entscheidungen gelangen zu können, fördert und stärkt man den eigenen Willen. Wenn man sich jedoch eher passiv an der Zukunft orientiert, überläßt man dem Orakel die Entscheidung, was den Willen und die Eigenständigkeit schwächt.

An dieser Stelle stellt sich auch noch eine weitere wichtige Frage: Tritt das Vorhergesagte unweigerlich ein oder kann man es noch ändern?

Die Erfahrung zeigt, daß dann, wenn ein Mensch eher passiv ist und kaum eigene Entschlüsse fassen kann und sich eher an anderen orientiert, das Vorhergesagte recht sicher eintrifft. Wenn man jedoch Entschlüsse faßt und seine ganze Kraft in deren Verwirklichung setzt, kann sich das Vorhergesagte noch ändern.

Dies sind natürlich Zusammenhänge, die sich kaum sicher einschätzen lassen.

Es scheint auch so zu sein, daß die Karten den nächsten Entwicklungsschritt recht gut vorhersagen können, aber mittelfristige Vorhersagen nicht ganz so zuverlässig sind. Die Karten scheinen den Fluß der Ereignisse und deren nächste Entwicklungsschritte zu kennen, aber nicht sehr weit in die Zukunft sehen zu können.

In diese Entwicklung scheint man zudem durch Entschlüsse eingreifen zu können. Je tiefer diese Entschlüsse gegründet und je besser sie geerdet sind, desto größer ist ihre Wirkung. Insbesondere Meditationen und Traumreisen zu der eigenen Seele scheinen sehr wirksam zu sein.

Eine wirklich genaue und gut fundierte Beschreibung der Zeit aus der Perspektive von Orakeln ist derzeit noch nicht möglich, da die beobachteten Phänomene noch nicht in einem einheitlichen Bild beschrieben worden sind. So sind z.B. astrologische Vorhersagen von ihrer Qualität und von den Zeitpunkten her sehr präzise und verläßlich und auf Jahrzehnte im voraus möglich. Es scheint jedoch auch in Bezug auf diese Vorhersagen einen Einfluß des Betroffenen zu geben – er kann zwar nicht die Qualität des betrachteten Zeitpunktes ändern, aber es scheint möglich zu sein, die konkrete Art des Ereignisses durch die innere Entwicklung zu beeinflussen.

Ein Mensch, der die meisten seiner inneren Ängste und Süchte und sonstigen Verletzungen geheilt hat, wird etwas anderes erleben als jemand, der noch in hohem Maße in seine Ängste und Süchte verstrickt ist. Möglicherweise wird auch dasselbe

Ereignis einfach anders erlebt.

Das, was man sicher sagen kann, ist, daß die Zukunft zwar schon festzustehen scheint, daß man jedoch durch seine Entschlüsse und durch die Heilung der eigenen Psyche die Art der Ereignisse beeinflussen kann.

VII Verstand und Telepathie

Zunächst werden die Karten mithilfe der Logik gedeutet, indem man die Position, auf der die Karte liegt, mit der der Bedeutung der Karte sowie mit der Frage an das Orakel kombiniert.

Es ist jedoch noch ein zweiter Schritt möglich, indem man nach dieser Deutungs-Ebene innerlich still wird, sich auf die ausgelegten Karten konzentriert und wartet, ob man innerlich Bilder sieht, Worte hört o.ä.

Die Karten bilden eine Art „Tor" zu dem Thema, zu dem die Frage gestellt wurde, da sie die betreffende Situation beschreiben. Daher ist es möglich, sich sozusagen vor diese „Tür" zu stellen und zu schauen, ob etwas durch diese „Tür" nach außen dringt.

Man kann auch die ausgelegten Karten insgesamt als eine „Tür" benutzten, durch die man innerlich wie bei einer Traumreise hindurchgeht und dann schaut, was man wahrnehmen kann.

Wenn man in der Lage ist, auf diese Weise Bilder zu sehen und Sätze zu hören, bereichert dies die Antwort auf die Frage des Ratsuchenden ganz erheblich, da die Tarot-Karten nur eine Struktur beschreiben, aber das innerliche Gesehene und Gehörte diese Struktur mit konkreten Inhalten füllt. Um das, was man auf diese Weise wahrgenommen hat, richtig einschätzen und einordnen zu können, ist meistens ein wenig Übung erforderlich.

Aber diese Übung wird man nicht erlangen, wenn man es nicht einfach immer wieder einmal ausprobiert und die erlangten Ergebnisse dann überprüft ...

VIII   Einige Orakel und die Art der Antworten, die sie geben

Orakel haben nicht einfach Zugriff auf die „Wahrheit" und verkünden sie dem Fragesteller, sondern sind von vielen Faktoren abhängig.

Ein wichtiger, bereits genannter Aspekt ist die Formulierung der Fragen, von denen die Antworten, die man erhält, in hohem Maße abhängen.

Ein zweiter Faktor ist der Charakter des Fragestellers – wenn er Informationen zu einer Situation sucht, wird er andere Antworten erhalten, als wenn er die Zukunft zu erkennen versucht. Die Antworten werden zudem eine unterschiedliche Wirkung auf ihn haben.

Schließlich hängen die Antworten auch von dem verwendeten Tarot-Buch ab – meine eigenen Ausführungen in diesem Buch sind in hohem Maße von meiner eigenen Biographie und von meinem Horoskop geprägt, da sich aus diesen beiden meine Weltsicht ergibt. Sie werden also aus meinen Beschreibungen der Karten auch immer meine Weltanschauung heraushören, wenn Sie zur Deutung eines Tarot-Orakels meine Erläuterungen zu den Karten lesen sollten.

Schließlich gibt es noch einen sehr großen Einfluß: Jedes Orakel stammt aus einer bestimmten Kultur und verkündet deren Werte und Ansichten und die sich daraus ergebenden Ratschläge für ein sinnvolles Verhalten. Um diesen Aspekt zumindestens ansatzweise einschätzen zu können, sind im folgenden einige Orakel sowie die Art ihrer Ratschläge beschrieben.

Tarot

Die Weltanschauung des Tarot hat folgende wichtige Elemente:

- die Erschaffung der Welt und der Seelen durch Gott,
- die Entwicklung in aufeinanderfolgenden Entwicklungsstufen,
- die vier Elemente, und
- die Erlösung vom Leid durch die Rückkehr zu Gott.

Durch diese Weltsicht ergibt sich immer wieder der grundlegende Rat, in sich zu gehen und die eigene Seele und Gott zu suchen.

Dieses Orakel stammt in der heute verwendeten Form aus der Zeit nach 600 v.Chr. Dies ergibt sich daraus, daß um 600 v.Chr. durch Buddha, Jaina, Patanjali, Lao-tse, Dschuang-tse, Kungfu-tse, Zarathustra, Pythagoras, Zalmoxis und andere die Eigenverantwortung der Menschen entdeckt und propagiert wurde. Daher ist ein wesentlicher Aspekt der Antworten des Tarot die Aufforderung, das eigene Schicksal in die

Hand zu nehmen und etwas dafür zu tun, daß es einem in Zukunft besser geht.

neuere Kartensets

In den neueren Sets von Orakel-Karten, die nicht auf dem Tarot aufbauen, gibt es eine Anzahl von ca. 20-60 Karten, die selten eine innere Struktur haben, sondern meistens eine Vielzahl von ähnlichen Dingen wie Göttinnen, Engeln, Krafttieren, Bäumen, Weisheiten u.ä. benutzen, um zu einer vielfältigen Sammlung von Qualitäten zu gelangen, die man dann als Orakel benutzen kann.

Die Antworten dieser sehr stark individuell geprägten Orakel spiegeln zum einen die Weltsicht ihres Autors und Zeichners wider und zum anderen auch den Charakter der verwendeten Symbole wie z.B. in einem Baum-Orakel das generelle Wesen der Bäume.

I Ging

Das I Ging stammt im Gegensatz zum Tarot aus der Zeit vor 600 v.Chr., in der der Mensch noch als weitgehend abhängig von den Göttern gesehen wurde. Daher ist der Blickwinkel dieses Orakels vor allem das Einfügen in die Ordnung des großen Ganzen, durch das eine Harmonie zwischen dem Individuum und dem Ganzen und dadurch eine tiefe Freude entsteht.

„I Ging" bedeutet „Buch der Wandlungen" – daher ist die Grundaussage dieses Orakels, daß sich alle Dinge ständig ändern. Die Möglichkeiten dieser Änderungen werden durch dieses Orakel beschrieben.

Der Ratsuchende erhält vom I Ging daher eine Art „kosmologischen Wetterbericht", der dem Betreffenden hilft, sich auf das anstehende Wetter einzustellen und sich so zu verhalten, daß ihm das Wetter keinen Schaden zufügt.

Der Aspekt der Eigeninitiative, durch die man sein Schicksal gestalten kann, ist zwar im Laufe der Jahrhunderte auch in das I Ging gelangt, aber er spielt eine deutlich untergeordnete Rolle.

Während das Tarot als Grundlage die Einheit der Welt in Gott hat, steht beim I Ging der Gegensatz von Yin und Yang im Vordergrund. Es gibt zwar auch das Tao, das die Ureinheit ist, die am Anfang der Zeit in Yin und Yang zerbrochen ist, aber dieses Tao hat in dem Orakel selber so gut wie keine Bedeutung.

Astrologie

Die Astrologie betrachtet wieder einen anderen Aspekt der Welt, aus dem sich wieder andere Antworten auf die Lebensfragen ergeben: die regelmäßigen Zyklen.

Während die Veränderungen im I Ging relativ unvorhersehbar auftreten und nur eine geringfügige Ordnung wie z.B. die der Jahreszeiten haben, ist die festgelegte Ordnung ein wesentliches Merkmal der Astrologie, die alle Ereignisse in Analogie zu dem Stand der Planeten beschreibt.

Daher gibt die Astrologie Informationen zu den Zyklen und zu den Zeitqualitäten zur Antwort. Da diese Zyklen vorhersehbar und unabänderbar sind, muß man bei diesem Orakel darauf achten, daß man nicht fatalistisch wird und davon ausgeht, daß ja doch schon alles festliegt ist und es daher keinen Sinn hat, sich noch groß anzustrengen.

Die Zeitqualitäten können von der Astrologie mit großer zeitlicher und qualitativer Präzision beschrieben werden, aber der Hinweis auf die Freiheit des Menschen und seine Möglichkeiten, Einfluß auf das eigene Schicksal zu nehmen, liegen nicht im Charakter der Astrologie und müssen von dem Astrologen aus anderen Quellen hinzugefügt werden.

Dies liegt unter anderem daran, daß die Anfänge einer systematischeren Astrologie, die über die Beobachtungen des Sonnenstandes in den Jahreszeiten und der Mondphasen hinausgeht, um ca. 3000 v.Chr. in Mesopotamien und teilweise auch in Ägypten liegen, also lange vor der Entdeckung der Selbstverantwortung der Menschen um 600 v.Chr.

Runen

Die Runen sind die Schriftzeichen der Germanen und wurden wahrscheinlich auch schon von diesen zu Orakelzwecken verwendet. Die heutzutage benutzten Deutungen der einzelnen Runen im Orakel sind jedoch recht neu und daher sehr stark durch den jeweiligen Autor geprägt.

Generell hat das Runen-Orakel die Neigung, die Lebenseinstellung der Wikinger widerzuspiegeln, die von dem Vertrauen in die eigene Stärke und von ihrer räuberischen und erobernden Lebensweise geprägt war.

Die Ratschläge dieses Orakels gehen daher generell in die Richtung der Förderung der eigenen Stärke und Durchsetzungskraft.

Bibel aufschlagen

Das Aufschlagen von Büchern und die Benutzung der ersten gesehen Textstelle als Antwort auf die eigenen Frage ist recht einfach und daher weit verbreitet. Die Art der Antworten hängt natürlich von dem Charakter des verwendeten Buches ab. Die Bibel gibt andere Antworten als der Koran oder die Tora.

Eine meiner Bekannten benutzt für diesen Zweck mit gutem Erfolg die „Herr der Ringe"-Trilogie, die für diesen Zweck offensichtlich ausreichend komplex und tiefgründig genug ist.

Gottesurteil

Ein früher einmal weit verbreitetes Orakel war das Gottesurteil. Von ihm gibt es zwei grundlegend verschiedene Arten:

> Die eine Art von Gottesurteil besteht in einem Zweikampf, bei dem man davon ausgeht, daß der Sieger Gott auf seiner Seite gehabt hat und daher derjenige ist, der im Recht ist. Diese Variante findet sich zwischen zwei Gegnern, die in etwa gleich mächtig sind.

> Die andere Art von Gottesurteil besteht darin, daß ein Mächtiger eine ihm untergebene Person dazu zwingt, etwas zu tun, was normalerweise unmöglich unbeschadet vollbracht werden kann wie z.B. die Hände in kochendes Fett zu tauchen. Sehr beliebt war auch die „Feuerprobe", bei der man eine Hand ins Feuer legte. In manchen Fällen wurde ein solches Gottesurteil auch freiwillig abgelegt, um etwas zu beweisen.

Diese Art von Orakel gibt die Antwort auf eine einzelne Frage. Sie hat als weltanschaulichen Hintergrund die Vorstellung von allmächtigen Göttern. Dies zeigt, daß auch diese weitverbreitete Art von Orakeln aus der Zeit von vor 600 v.Chr., zu der die Eigenverantwortung entdeckt wurde, stammt.

Geomantie

In dieser heute in Europa fast vergessenen Orakel-Methode, die Muster in der Erde deutet, werden 16 Begriffe benutzt, die wesentliche Dinge und Qualitäten wie „Junge", „Großes Glück", „weiß", „Trauer", „Weg", „Kerker" usw. bezeichnen. Die Antworten dieses Orakels sind sehr schlicht und stellen lediglich einfache Situationen dar, die sich aus mehreren dieser Begriffe ergeben.

Man könnte dieses Orakel als recht neutral bezeichnen. Eine Voraussetzung bzw. Weltanschauung in diesem Orakel ist es, daß das Leben von dem geprägt wird, was meist ohne erkennbaren Grund unverhofft auftaucht, und mit dem man dann zurechtkommen muß.

Dieses Orakel ist daher vermutlich ebenfalls älter als 600 v.Chr.

Knochenorakel

Dieses Orakel ähnelt der Geomantie. Im Unterschied zu den festgelegten 16 Begriffen des „Erd-Orakels" sind die Elemente des Knochen-Orakels ausgesprochen individuell. Sie bestehen aus Dingen, die meist nur für den Benutzer eine Bedeutung haben: ein Stein, ein Knochen, eine Feder, ein Stück Holz, ein Zahn usw.

Diese Dinge erlangen ihre Bedeutung durch die Assoziationen des Orakel-Deuters zu ihnen, der sie unter besonderen Umständen erlangt oder gefunden hat.

Bei diesem Orakel wird meist in den Beutel gegriffen, in dem sich die „Orakel-Dinge" befinden und dann die zufällig ergriffenen Dinge mit einer Bewegung auf den Boden gestreut. Bei der Deutung spielen meistens die Himmelsrichtung, die Lage der Dinge zu dem Fragesteller und zu dem Deuter, die Lage der Dinge zu einander u.ä, eine Rolle.

Dieses sehr archaische Orakel ist ausgesprochen individuell. Die ihm zugrundeliegende Weltanschauung ist die Verbundenheit einer bestimmten Qualität mit den „Orakel-Dingen", die ihnen sozusagen aufgrund ihrer Geschichte anhaftet und die daher im Orakel auf die entsprechenden Qualitäten hinweisen kann.

Diese assoziative Struktur des Orakels weist auf ein großes Alter hin.

Utiseta

„Utiseta" bedeutet „Draußensitzen" und ist der altnordische Name für das Anrufen von Toten. Solche „Totenbeschwörungen" sind von der frühen Jungsteinzeit bis ins Mittelalter hinein die häufigste Methode gewesen, um Rat und Hilfe aus dem Jenseits zu erhalten. Da die Kinder damals fast alles von ihren Eltern erlernten, lag es nahe, sie auch noch deren Tod in Krisen um Hilfe zu bitten.

Dazu ging man zu dem Grab des oder der Toten, deren Hilfe man erhoffte, und sprach dann mit ihnen, d.h. man frug und wartete dann auf eine Antwort, die entweder innerlich (innere Stimme) oder äußerlich (Vision) kam.

Diese Form des Ahnen-Orakels hat sich auch nach dem Mittelalter noch als Spiritismus gehalten, bis sie dann ab ca. 1990 von den Familienaufstellungen abgelöst worden ist.

Dieses Orakel ist offensichtlich sehr individuell. Die Antworten sind in diesem Fall von dem Charakter der eigenen Eltern abhängig.

Die bekannteste Bitte an die toten Eltern um Hilfe findet sich in dem Märchen „Aschenputtel", in dem Aschenputtel von ihrer verstorbenen Mutter auf deren Grab ihre „Prinzessinnen-Kleider" erhält.

IX   Orakel und Entscheidungen

Schließlich gibt es noch einen letzten wichtigen Punkt im Zusammenhang mit Orakeln, der bereits mehrmals angesprochen worden ist.

Ein Orakel sollte dem, der es benutzt, helfen. Dies bedeutet u.a. auch, daß es seine Eigenständigkeit fördern sollte. Daraus ergibt sich wiederum, daß man möglichst klar darüber sein sollte, was man von einem Orakel erwartet und in welcher Weise man es verwenden will.

Orakel haben die Neigung „so ist es" zu sagen, was eine versteckte Aufforderung ist, sich den Dingen zu fügen. Dies entspricht der Haltung der Menschen in der Zeit vor 600 v.Chr., als man sich als fest in Zyklen und Ordnungen eingebunden erlebt hat und das eigenen Schicksal vor allem als Ergebnis von Zyklen und der inneren Ordnung der Welt angesehen hat. Innerhalb dieser Strukturen stand man in Resonanz mit dem Ganzen, d.h. das eigene Schicksal war eine Analogie zu den großen Vorgängen in der Welt – was am anschaulichsten anhand der Astrologie betrachtet werden kann, die beschreibt, daß der Stil eines Menschen die genaue Analogie zu dem Stand der Planeten zum Zeitpunkt seiner Geburt ist.

Schon die Verwendung eines Orakels entspricht somit dem Verhalten in der Zeit vor 600 v.Chr., als die Selbstverantwortung und die Möglichkeit, sein eigenen Leben aus dem eigenen Willen heraus zu gestalten, noch nicht entdeckt worden war.

Das bedeutet jedoch nicht, daß Orakel die Eigenverantwortung und die Selbständigkeit behindern würden – schließlich funktionieren Orakel … und man sollte alles, was funktioniert, auch mitbenutzen, um dahin zu gelangen, wo man hin will.

Es ist daher wichtig, die Orakel als Werkzeug und nicht als Autorität zu sehen. Die frühere Ansicht, daß die Götter alles bestimmen und die Menschen nur wenig selbstbestimmten Spielraum haben, beschreibt eine Ebene der Welt – genauso wie die Kausalität die physische Ebene beschreibt. Es gibt jedoch mehrere Ebenen, auf denen man die Welt betrachten kann, und jede dieser Ebenen hat ihre eigenen Gesetze – was die anderen Ebenen deshalb nicht weniger real werden läßt.

Die Naturgesetze der physischen Ebene existieren und es ist ausgesprochen sinnvoll, sie zu kennen und zu berücksichtigen – wie sonst sollte man auch nur Fahrradfahren können?

Auch die Ebene der Analogien, auf der sich die Orakel befinden ist real: Alle Dingen stehen in Resonanz miteinander, was es ermöglicht, durch Orakelmethoden „Bilder" von Situationen zu erhalten und so zu einem besseren Verständnis der aktuellen Strukturen und Machtverhältnisse sowie deren Entwicklungstendenz zu gelangen.

Schließlich ist aber auch noch die Ebene des Ichs, also der freie Wille, real, der sich in der physikalischen Ebene und in der Analogien-Ebene bewegen und dort entscheiden und dadurch den Lauf der Dinge beeinflussen kann.

Man sollte daher darauf achten, daß man nicht in dem Sinne „Orakel-gläubig" wird, daß man durch die Orakel-Antworten den Mut verliert und aufgibt, sondern daß man diese Antworten benutzt, um die eigene Aufmerksamkeit besonders auf die Dinge zu richten, auf die das Orakel hingewiesen hat. Die Orakel sollten also eine ähnliche Funktion bzw. Position innerhalb der Psyche erhalten wie die Sinneswahrnehmungen und das Denken: Sie liefern nützliche Informationen, die man dann in seiner Lebensplanung mitbedenken sollte.

Eine recht effektive Hilfe, um die Fallgrube der Schicksalsgläubigkeit zu vermeiden, ist die Kombination der Verwendung von Orakeln mit der Benutzung von „Entwicklungsmethoden". Solche Methoden sind z.B. das Yoga, Meditationen und viele Therapieformen, aber auch Sport. Der Schwerpunkt dieser Methoden liegt auf der Möglichkeit, sich durch Aufmerksamkeit, Einsicht und Übung in eine bessere Situation bringen zu können. Diese Methoden stärken daher den Willen, die Selbstsicherheit und die Selbstbestimmtheit.

Man kann sich die Ebene der Orakel wie einen Kreis vorstellen und den Willen wie einen Pfeil, der senkrecht zu diesem Kreis in seiner Mitte steht:

> Der „Punkt des Augenblicks", der sich auf dem Orakel-Kreis bewegt, beschreibt, welche Qualität die Gegenwart hat.

> Der Pfeil zeigt, in welchem Maße man seinen eigenen Willen und die eigene Entscheidungsfähigkeit einsetzt.

> Aus der Kombination der kreisenden Bewegung des Orakels, die verschiedene Qualitäten durchläuft, mit dem Pfeil des Willens ergibt sich eine Spiralbewegung, die von beiden Einflüssen abhängt. Die Aussagen des Orakels und die Willensimpulse addieren sich zu einer Gesamtbewegung, von der der Punkt abhängt, den man schließlich erreicht.

Es ist also sinnvoll, Orakel zu benutzen, aber man sollte sie niemals als den einzigen Aspekt der Welt oder als die einzige wirkende Kraft ansehen.

Ein Orakel ist eine Information über eine Situation – die der Fragende durch Entscheidungen und durch seinen Willen weiterentwickeln kann.